Erwina Lidolt

ÖSTERREICHISCHE
TRENNKOST

Erwina Lidolt

ÖSTERREICHISCHE TRENNKOST

Über 400 hauserprobte Rezepte

tosa

Diese Ausgabe basiert auf den im Copyright angegebenen Büchern der Autorin Erwina Lidolt, wurde aber als eigenständiges Buch entwickelt. Die Ratschläge in diesem Buch sind von der Herausgeberin bzw. vom Verlag sorgfältig erwogen und geprüft. Eine Haftung der Herausgeberin bzw. des Verlags und seiner Beauftragten für Personen-, Sach- und Vermögensschäden ist ausgeschlossen.

Zusammenstellung und Bearbeitung von Helga Zoglmann

Umschlag von Beate Dorfinger unter Verwendung eines Dias von Helmut Dollansky

Printed in Austria

Inhaltsverzeichnis

Vorbemerkung des Verlages 7
Vorwort Erwina Lidolt 8
Vorwort Dr. Klaus Schuller 9
Einleitung 11
Mahlzeiten 12
Kräuter und Gewürze 14
Zusammenstellung der wichtigsten Kräuter und Gewürze 15
Keimen 20
Allgemeine Hinweise für das Kochen nach der Vollwert-Trennkost 21
MÜSLI 23
SALATE 26
SUPPEN 40
Klare Suppen 40
Suppeneinlagen 41
Gebundene Suppen 43
GEMÜSE 57
KARTOFFELN 74
TEIGWAREN 83
REIS 90
HIRSE 94
GRIESS 98
DINKEL 101
BUCHWEIZEN (HEIDEN) 105
MAIS 108
FISCH 111
FLEISCH 121
Faschiertes 121
Huhn 125
Kalb 130
Kaninchen 133
Lamm 135
Rind 138
SOJA 144
SOSSEN 150
Kalte Soßen, Dressings und Marinaden 150
Warme Soßen 153
AUFSTRICHE 157
BROT UND GEBÄCK 159
MEHLSPEISEN 164
Pikante Mehlspeisen 164
Süße Mehlspeisen 168
Germmehlspeisen 176
Kuchen und Torten 185
Kleine Bäckereien 191
NACHSPEISEN 198
GETRÄNKE 202
Alphabetisches Register 204

Vorbemerkung des Verlages

Ein Mensch, der in der heutigen Zeit ernährungsbewußt leben möchte, wird bei seinen Bemühungen früher oder später auf die Trennkost stoßen. Diese Ernährungsweise nach dem amerikanischen Arzt Dr. Howard Hay basiert auf dem Grundgedanken der Trennung von Eiweiß und Kohlehydraten innerhalb einer Mahlzeit, unter vorwiegender Verwendung frischer und naturbelassener Produkte, ergänzt durch viel Salat, Gemüse oder Rohkost. Die Trennkost ist keine einseitige Spezialdiät, sondern eine natürliche, für jedermann anwendbare und praxisbewährte Ernährungsform, bei der man auf nichts zu verzichten braucht.

Dem weitverbreiteten Bedürfnis nach abwechslungsreichen Rezepten wollten wir entsprechen. Daher legen wir nunmehr die umfangreiche und in mehreren Büchern bzw. Auflagen erfolgreich erschienene Rezeptsammlung von Erwina Lidolt in benutzerfreundlicher Neubearbeitung vor. Im Zuge dieser Bearbeitung erhielt etwa der Dinkel – der in der Vollwertküche so wichtig ist – ein eigenes Kapitel.

Außerdem wurde die Zubereitungszeit der einzelnen Gerichte angegeben, und die Zutaten wurden separat aufgelistet: eine große Hilfe beim Einkaufen. Und selbstverständlich wurde dem österreichischen Geschmack der Vorzug gegeben.

Vorwort

Immer mehr Menschen machen sich Gedanken über die Gründe, warum wir der vielen Zivilisationskrankheiten, wie zum Beispiel Übergewicht, Gicht, Rheuma und sogar Diabetes, nicht Herr werden. Diese Krankheiten sind in den letzten Jahrzehnten sprunghaft angestiegen, und es ist oft gar nicht leicht, ihnen Einhalt zu gebieten. Die Ursache liegt sicher auch vielfach in der falschen Ernährung.
Viele Diäten werden angeboten, viele Diäten ausprobiert. Der Erfolg ist meist gering. Die Buchhandlungen bieten eine Menge von Büchern mit guten Ratschlägen. In den Medien werden oft Mittel angepriesen, die große Hoffnungen erwecken und um teures Geld gekauft werden. Doch wer an Wundermittel oder schnellen Erfolg glaubt, wird meist enttäuscht.
Ich habe die Erfahrung gemacht, daß nur eine dauerhafte Kostumstellung sinnvoll ist. Diese soll weder einseitig noch eintönig sein, da sonst Mangelerscheinungen entstehen können.
Seit fast 20 Jahren beschäftige ich mich mit der „Hay'schen Trennkost" und habe meine Erfahrungen in nunmehr vier Büchern festgehalten, die zum Teil auch in englischer und spanischer Übersetzung erschienen sind.
Mit dieser Ernährung, die sehr vielseitig und abwechslungsreich ist, habe ich bis zum Normalgewicht abgenommen, und meine Gichtschmerzen sind auch verschwunden.
Ich habe mich bemüht, in meinen Büchern naturbelassene, vollwertige Produkte zu verwenden und dabei die Hay'schen Grundsätze zu beachten.
Mit diesem Buch möchte ich Ihnen hiermit ein typisch österreichisches Trennkost-Kochbuch anbieten, bei dem speziell unsere bodenständige Küche berücksichtigt wurde, um Ihnen die Umstellung zu erleichern.

Ich wünsche Ihnen guten Erfolg!

Erwina Lidolt

Vorwort

In einer Zeit, in der ein allgemeines Umdenken in der Ernährung stattfindet, ist ein Buch wie dieses, das aus der Erfahrung heraus entstanden ist, eine wirkliche Bereicherung. Durch die heutige Art der Nahrungsmittelproduktion und durch die ständige Verfügbarkeit der Nahrungsmittel aus allen Teilen der Erde ist es für einen kleinen, wohlhabenden Teil der Menschheit, zu dem wir uns auch zählen müssen, trotz des Überflusses ein Problem geworden, sich richtig zu ernähren.
Wenn wir nun eine Verbesserung unserer persönlichen Gesundheitssituation durch die Nahrung erreichen wollen, müssen wir uns fragen, welche Körperstrukturen durch eine Veränderung der Nahrung positiv oder negativ beeinflußt werden könnten. In der Nahrung kommen z. B. die Kohlehydrate nur als jeweils einer von vielen Bestandteilen der natürlichen Lebensmittel vor. Lösliche Kohlehydrate (Zucker) sind nur in schwachen Konzentrationen in Obstfrüchten, in geringen Konzentrationen noch in Wurzelfrüchten vorhanden. Auch die Muttermilch enthält nur geringe Mengen an Milchzucker. Die unlöslichen Kohlehydrate (Stärke) sind im Weizenkorn und in ähnlichen Lebensmitteln bis zu etwa 60 Prozent enthalten. Werden diese in ihrer natürlichen Form gegessen und nicht durch Hitze, Extraktion usw. verändert, so können sie in unserem Körper nur sehr langsam und gleichmäßig über Stunden hinweg aufgeschlossen und in Zucker umgewandelt werden. Es gibt in diesem Fall keine übermäßig rasche Resorption von gelöstem Zucker ins Blut.
In der heute bei uns üblichen Zivilisationsnahrung werden dem Organismus täglich Mengen und Konzentrationen von schnell resorbierbaren Zuckerstoffen zugeführt. Kurz nach der Nahrungsaufnahme kommt es zu Blutzuckerspitzenwerten und einer dementsprechend heftigen Reaktion des Regulationssystems. Der Ausschlag des Blutzuckerspiegels nach oben ist unnatürlich hoch, die Insulinausschüttung entsprechend (unnatürlich) stark.
Beim Einpendeln der Blutzuckerkurve wird infolge der heftigen Insulinreaktion der normale Blutzuckerpegel unterschritten, es kommt vorübergehend zu einem Blutzuckermangel, der wiederum zur Konsumation rasch resorbierbarer zuckerhältiger Nahrung anregt. Durch die Denaturierung und die Gewinnung rasch resorbierbarer Kohlehydrate gehen lebenswichtige Vitalstoffe wie Vitamine und Co-Fermente, die wir im Körper zur weiteren Aufbereitung der Nahrung dringend brauchen würden, verloren.

Immer mehr Bedeutung für eine gesunde Ernährung gewinnen Qualität und Quantität der Fette. Die industrielle Verarbeitung von Fetten, die scheinbar notwendig war, um diese haltbar und streichfähig zu machen, führt zu einer fatalen Veränderung von lebensnotwendigen Fettsubstanzen, die in einer für den Körper wenig geeigneten Form zugeführt werden. Die Fette als Risikofaktoren für Gewebsveränderungen sind bekannt, die sich daraus ergebenden nahrungstherapeutischen Konsequenzen werden aber kaum angewandt. Es sind vor allem die ungesättigten und hochungesättigten Fettsäuren, die im Verhältnis 1:1 mit den gesättigten Fettsäuren aufgenommen werden sollten, was allein durch tierische Fette nicht erreicht werden kann. Erst durch neueste Forschungsergebnisse über Eiweißspeichererkrankungen wird uns bewußt, wie maßgeblich der in den letzten Jahrzehnten exponential angestiegene Eiweißanteil unserer Nahrung den Körper schädigt. Die Verwendung von zu viel Eiweiß und Kohlehydraten widerspricht der chemischen Zusammensetzung der Körpersäfte. 80 Prozent des menschlichen Körpers bestehen aus basenbildenden, 20 Prozent aus säurebildenden Elementen. Soll das für die Gesundheit der Körperzellen und Säfte notwendige Gleichgewicht hergestellt werden, so soll das tägliche Nahrungsmittelverhältnis etwa so lauten: 80 Prozent Basenbildner und 20 Prozent Säurebildner.
Die Grundidee bei der Nahrungsmittelzusammenstellung ist die, daß eine natürliche Nahrung, unbeschädigt durch Lagerung, Konservierung und Erhitzung ausgereift und frisch, alle Vitalstoffe in genügender Form und Menge beinhaltet. Es soll die Menge und das richtige Verhältnis der einzelnen Nahrungsstoffe zueinander abgestimmt sein.
Bei körperlichen Störungen, die durch Nahrung beeinflußt werden können, müssen den Störungen entsprechende Veränderungen in der Nahrungszusammenstellung vorgenommen werden. Es muß auf die Verträglichkeit und Unverträglichkeit Rücksicht genommen werden. Weiters muß darauf geachtet werden, ob der Patient ein kaufähiges Gebiß hat und lange genug einspeicheln kann, ob ausreichend Magensäure und Verdauungsenzyme vorhanden sind oder ob eine medikamentöse Substitution notwendig ist.
Die Autorin war durch die schwere Erkrankung ihres Mannes gezwungen, sich ernsthaft mit der Umstellung der Ernährungsweise zu beschäftigen.
Das Ergebnis ist dieses Buch, welches ich jedem empfehlen möchte, der sich gesund ernähren und dabei nichts an Lebensqualität einbüßen will.

Dr. Klaus Schuller

Einleitung

Der Begriff „Trennkost" bezeichnet keine einseitige Spezialdiät für Kranke. Sie ist vielmehr eine vielseitige, natürliche und schmackhafte Ernährungsform, die auch dem gesunden Menschen hilft, sich sein Wohlbefinden, seine Vitalität und Leistungsfähigkeit zu erhalten.
Die „Trennkost" beruht, wie schon der Name sagt, auf dem Prinzip der Trennung von Eiweiß und Kohlehydraten innerhalb einer Mahlzeit, d. h. überwiegend kohlehydrathaltige Lebensmittel dürfen nicht mit überwiegend eiweißhältigen kombiniert werden. Eiweiß verlangt Säuren, und Kohlehydrate verlangen Basen; beides kann der Magen nicht gleichzeitig entwickeln. Daher entsteht durch unsere gewohnte Mischkost, durch die Verwendung von zuviel konzentriertem Eiweiß, Stärkemehl und denaturierten Nahrungsmitteln in unserem Magen ein Säureüberschuß, der die Entstehung innerer Krankheiten begünstigt.
Eine Grundregel der „Trennkost" lautet: Basenbildende Stoffe, wie Gemüse, Salate, frische Früchte und Vollkornprodukte, sollen die Hauptbestandteile unserer täglichen Ernährung bilden, Brot, Stärke, Fleisch, Eier, Käse usw. dagegen nur ein Fünftel ausmachen. Erhöhter Energiebedarf kann durch ein Mehr an Kohlehydraten, jedoch keinesfall durch mehr Eiweißstoffe abgedeckt werden. Da Eiweiß mehr als Kohlehydrate den Magen belastet, ist es von Vorteil, mittags einer eiweißreichen Kost, abends dagegen kohlehydrathaltigen Produkten den Vorzug zu geben. Daneben steht eine reiche Auswahl an neutralen Nahrungsmitteln zur Verfügung, die sich mit Eiweiß wie Kohlehydraten gleichermaßen vertragen.
So kompliziert sich diese Regel für Laien auch anhören mag, so einfach und unproblematisch sind die verschiedenen Speisen nach der vorliegenden Rezeptsammlung zubereitet. Auch im Restaurant läßt sich nach den Regeln der „Trennkost" ohne viel Mühe ein schmackhaftes Menü zusammenstellen.
Bei vielen Rezepten wurden absichtlich keine Mengenangaben gemacht, da für Menschen, die wenig körperliche Arbeit leisten, auch kleinere Portionen zur Deckung ihres täglichen Energiebedarfs genügen.
Allen ernährungsbewußten Menschen, Gesunden wie Kranken, wird dieses Buch mit seinen vielen vorzüglichen Rezepten eine wertvolle Hilfe sein.

Mahlzeiten

Frühstück

Die Morgenmahlzeit soll sättigend, aber möglichst leicht sein. Sie soll aus Milch, Obst und Leinsamen bestehen.
Milch kann man in jeder Form verwenden, sie ist aber als saure Milch, Joghurt oder Buttermilch leichter verdaulich und daher viel bekömmlicher. Süße Milch muß man teelöffelweise einspeicheln; mit saurem Obst oder Gemüse (roh oder gekocht) genossen, werden Giftstoffe ausgeschwemmt.
Als Obst verwendet man jede Art außer Bananen, Datteln und Feigen. Vorzugsweise nimmt man ähnliche Sorten, zum Beispiel Orangen und Mandarinen, zusammen; Beeren passen zu allen Früchten.
Der Leinsamen wird am besten zu jeder Mahlzeit frisch geschrotet und soll biologisch einwandfrei sein. Zur Milch gemischter Leinsamen sättigt sehr und ist außerdem für die Verdauung günstig.
Diese Zutaten sind Bestandteile von einem Müsli, das man am besten am Morgen einnehmen soll. Es sättigt mehr, hat allerdings auch mehr Kalorien.
Der Tag kann aber auch mit Vollkornbrot, Knäckebrot oder Grahamwekkerln, möglichst aus frischgemahlenem Mehl selbst gebacken, begonnen werden; darauf gibt man Butter oder Diätmargarine, Honig, Vollrahmkäse, Topfen und Kräuter. Als Getränk sind Kräutertees und ungesüßte Frucht- oder Gemüsesäfte sehr zu empfehlen. Säfte sollen aber nicht die Rohkost ersetzen, da die Ballaststoffe für die Verdauung notwendig sind.

Mittagessen

Es hat sich bewährt, die Eiweißmahlzeiten mittags einzunehmen. Bei diesen ist zu beachten, daß immer nur eine Eiweißart, also entweder Fleisch oder Fisch oder Eier oder Käse gegessen wird. Zur Eiweißmahlzeit sind alle Kohlehydrate, wie Brot, Nudeln, Knödel oder Mehlspeisen, zu meiden. Kartoffeln sind nur mit Vorbehalt in ganz geringen Mengen zu verwenden. Rohgemüse (Salate) und saures Obst sollten vor jeder Mahlzeit serviert werden. Man soll möglichst nur saftige Sorten verwenden.
Salate zu Eiweißmahlzeiten richtet man mit Kräutern, Öl, Apfelessig und Zitrone an, eventuell auch mit Buttermilch.
Wichtig ist, daß das Mittagessen zu 80 Prozent aus Basenkost (Gemüse, Milch, Obst) und zu 20 Prozent aus konzentrierter Nahrung (Fleisch, Eier, Fisch . . .) besteht.

Zwischenmahlzeit

Als Zwischenmahlzeit kann man nachmittags Brot, Butter, Gemüsesäfte, Milch, ein Stück Kuchen mit Kräutertee oder Obst mit Joghurt und Topfen zu sich nehmen. Zu beachten ist, daß drei Stunden nach einer Mahlzeit nichts gegessen werden soll; also wenn man um 13 Uhr das Mittagessen einnimmt, kann man um 16 Uhr die Zwischenmahlzeit ansetzen und um 19 Uhr das Abendessen.

Abendessen

Vorzugsweise sollen die Kohlehydratmahlzeiten zusammen mit neutralen Nahrungsmitteln abends eingenommen werden. Man soll immer darauf achten, daß nur eine Stärkemehlart verwendet wird, also entweder Getreidegerichte oder Brot oder Nudeln oder Reis oder Kartoffeln oder Mehlspeisen. Zu Beginn der Mahlzeit serviert man Salate, die man mit Öl und Kräutern, mit Molkeessig (aber ohne Wein- oder Apfelessig und Zitrone) oder mit Rahmdressing oder Buttermilch anrichtet. Buttermilch ist neutral, sie kann also auch zu den Kohlehydratmahlzeiten getrunken werden. Falls Sie für Kohlehydratmahlzeiten keinen Molkeessig bekommen, verwenden Sie am besten Rahmdressing für Ihren Salat.
Als Nachspeise empfiehlt sich eine Topfenspeise oder ein Dessert mit Bananen und Heidelbeeren.
Insgesamt sollte die Kohlehydratmahlzeit aus 80 Prozent Gemüse und Salat und 20 Prozent Kartoffeln, Brot, Getreide usw. bestehen.

Kräuter und Gewürze

Kräuter und Gewürze sind in der Vollwert-Trennkost besonders wichtig, da man auf verschiedene andere Zutaten verzichten muß. Durch kräftiges und richtiges Würzen wird das Essen geschmackvoller, interessanter und abwechslungsreicher, die Speichelfermente im Mund werden reichlicher gebildet, und dadurch wird die Verdauung unterstützt. Jedes Gewürz hat seine besonderen Wirkstoffe. Sie machen die Speisen nicht nur bekömmlicher und wohlschmeckender, sondern werten sie auch gesundheitlich stark auf. Gewürze wirken beruhigend, verdauungsfördernd, krampflösend, kräftigend und belebend. Man sollte darauf achten, die Gewürze sorgfältig aufeinander abzustimmen, da nicht alle Gewürze zueinander passen. Grundsätzlich weniger zu nehmen ist besser, denn nachwürzen kann man immer.

Wenn möglich, sollte man stets frische Gewürze verwenden. Ein frisches, selbstgezogenes Gewürz ist in seiner gesundheitlichen und geschmacklich-aromatischen Wirkung viel besser als ein Gewürz in gerebelter oder pulverisierter Form. Auch wenn man keinen Garten hat, kann man viele Kräuter selbst in kleinen Holzkistchen oder Blumentöpfen am Fenster ziehen.

Will man Gewürze fachgerecht aufbewahren, trocknet man die Kräuter im Schatten und gibt sie dann in dunkelbraune Glasgefäße. Viele Gewürze lassen sich auch gut einfrieren. Dafür werden die Kräuter gewaschen, abgetrocknet, klein geschnitten (auch Sellerieblätter); jede Sorte wird getrennt in einen kleinen Plastikbehälter oder ein Plastiksäckchen gegeben.

Bei Spaziergängen oder Ausflügen sollte man immer einen Papiersack mitnehmen. Wildkräuter findet man vom Beginn des Frühjahrs an (Sauerampfer, Löwenzahn, Gänseblümchen, Bärlauch usw.) bis zum Herbst (Wilder Quendel, Gundelrebe usw.).

Nun noch ein wichtiges Wort zum Salz: Mit Kochsalz sollte man sparsam umgehen. Durch zuviel Salz wird das Gewebe in unserem Körper aufgeschwemmt, und es können Krankheiten entstehen. Der Körper braucht nicht mehr als ein bis zwei Gramm Salz täglich – durchschnittlich werden ihm aber 10 bis 20 Gramm pro Tag zugeführt! Durch kräftiges Würzen, besonders durch Verwendung von Sellerie, Knoblauch, Zwiebel und Melisse, kann man viel Kochsalz einsparen. Am besten verwendet man Meersalz, da dieses das Wasser weniger bindet.

Zusammenstellung der wichtigsten Kräuter und Gewürze

Name	wird verwendet für	Anmerkungen
Anis	verschiedene Backwaren, Obstsalate, Karotten, Kürbis, Rotkraut, Apfelkompott	*ganz oder gemahlen verwenden*
Bärlauch	Salate, Soßen, Suppen	*im Frühling in Auen und Laubwäldern zu finden*
Basilikum	Suppen, Fleisch (besonders Faschiertes), Paradeiser, Kräuterbutter, Kartoffelsuppe	*wichtig für italienische Speisen*
Beifuß	Kartoffel- und Zwiebelsuppe, Eintopfgerichte, Faschiertes und Geflügel	*sparsam verwenden, da leicht bitter*
Bertram	siehe unter Estragon	
Bibernelle, auch Pimpernelle gen.	Kartoffel- und Gemüsesuppe, Salate, Soßen	*ganz fein hacken*
Bohnenkraut	Fisolengerichte, Gurken- und Kartoffelsalat, Käse- und Salzgebäck, Faschiertes	*ist getrocknet gut verwendbar*
Borretsch (Gurkenkraut)	Gurkensalat, Rohkost, Topfen, Spinat	*kann man reichlich verwenden (auch die Blüten), da sehr mild*
Brunnenkresse	Kartoffelsalat, zur Garnierung	*im Frühjahr an Bachufern zu finden*
Chili	Faschiertes, Ragout, Pasteten	*sparsam verwenden wegen der Schärfe*
Curry	Curryreis, Fleisch- und Hühnerspeisen, Suppen, Sojagerichte	*sparsam verwenden, da sehr intensiv*
Dill	Gemüse, Suppen, Soßen, Kartoffel- und Topfenspeisen, Gurkensalat	*läßt sich gut einfrieren (beim Trocknen verliert er an Aroma)*

Name	wird verwendet für	Anmerkungen
Eisenkraut	siehe unter Ysop	
Estragon	Fleisch, Rahmsoßen, Kräuterbutter, Kräuteressig, Kräuterpüree	*sparsam verwenden, nicht zu lange mitkochen – wird leicht bitter*
Fenchel	Salate, Soßen, Gemüse, Rohkost	*Körner für Brot und Gebäck verwenden*
Gartenkresse	Kartoffelsalat, zur Garnierung	*nicht so scharf wie Brunnenkresse*
Gewürznelken	Backwaren, Kompotte, Glühwein, Eintopfgerichte, Blaukraut, Kürbiskompott	*sparsam verwenden, da sehr intensiv*
Gurkenkraut	siehe unter Borretsch	
Ingwer	Obstsuppen, Obstsalate, Gebäck, Getränke	*sollte in der Trennkost nicht verwendet werden*
Kapern	Fleischspeisen, Soßen, Marinaden, Aufstriche	
Kapuzinerkresse	Salate, Suppen, Topfenaufstrich	*in Obstessig eingelegter Samen ist ein guter Ersatz für Kapern*
Kardamomen	Kuchen, Fruchtspeisen, Lebkuchen	
Kerbel	Gemüse, Würzsoßen, Topfenaufstrich, Salate, Kräuterbutter, Kräuterpüree	*leicht zu ziehen, sät sich selbst aus*
Knoblauch	Gemüse, Salate, Fleisch, Suppen, Topfenaufstrich	*viel verwenden, da sehr gesund*
Koriander	Reisgerichte, Blaukraut, gedünstete Karotten, Brot, Gebäck	*nicht gemahlen kaufen, verliert rasch Aroma*
Kuttelkraut	siehe unter Quendel	
Kren	Rindfleisch, Soßen, Topfenaufstrich, Rohkost	*soll bei Trennkost nicht verwendet werden*

Name	wird verwendet für	Anmerkungen
Kümmel	Kraut, Gulasch, Suppen, Gemüse, Brot und Gebäck, rote Rüben	*sehr würzig, wenig andere Gewürze dazuverwenden*
Lavendel	Kalb- und Lammfleisch, Fisch, Kräutersoßen	*frische Blätter verwenden*
Liebstöckel	Suppen, Soßen, Gemüse, Fleisch, Reisgerichte	*sparsam verwenden, sehr intensiv*
Lorbeer	Kraut, Soßen, Gulasch, Kartoffelsuppe	*nicht mitkochen, nur ziehen lassen*
Löwenzahn	Salate, Rohkost, Aufstriche	*nur junge Blätter verwenden, klein schneiden*
Majoran	Soßen, Fleischspeisen, Kartoffelsuppe, Gulasch, Gemüse, Salate, Geflügel	*läßt sich gut einfrieren*
Meerrettich	siehe unter Kren	
Melisse	Gemüse, Fleisch, Fisch, Soßen, Salate	*sparsam verwenden, ist leicht bitter*
Minze	wie Melisse	
Muskat	Gemüse, Suppen, Soßen, Fleisch, Kartoffelgerichte	*frisch reiben und sehr wenig verwenden; spezielles Reibeisen dafür erhältlich*
Neugewürz	siehe unter Piment	
Oregano	Pizza, Suppen, Soßen, Eintopfgerichte, Kartoffelspeisen, Gemüse, Faschiertes, Paradeiser	*wilder Majoran; italienisches Gewürz; läßt sich leicht trocknen*
Paprika	Gulasch, Fleischfüllungen, Paradeisgerichte	*als Gemüse und getrocknet als Gewürz verwenden*
Petersilie	Suppen, Fleisch, Kartoffeln, Gemüse, Aufstriche, Kräuterbutter	*nicht mitkochen, erst zum Schluß beigeben*

Name	wird verwendet für	Anmerkungen
Pfefferminze	siehe unter Minze	
Piment	Kompott, Rotkraut, Weihnachtsbäckerei	*nur Körner kaufen – Pulver raucht schnell aus*
Pimpernelle	siehe unter Bibernelle	
Quendel	Kartoffelgerichte, Salatsoßen, Gemüse, Eintopfgerichte	*an Acker- oder Wiesenrainen zu finden*
Rosmarin	Lammfleisch, Eintopfgerichte, Geflügel	*intensiver Geschmack – sparsam verwenden*
Salbei	Kalb- und Lammfleisch, Fisch, Soßen	*italienisches Gewürz – sehr intensiv*
Sauerampfer	Salate, Suppen, Soßen	*klein geschnitten den ganzen Sommer zu verwenden*
Schnittlauch	Salate, Suppen, Kräuterbutter, Aufstriche	*das am meisten verwendete Gewürz, nicht mitkochen*
Sellerie	Rohkost, Kartoffel- und Eintopfsuppen, Aufstriche	*das frischgeschnittene Grün verwenden*
Thymian	Fleisch, Gemüse, Kartoffelspeisen, Geflügel, Fisch	*sparsam verwenden – sehr aromatisch*
Vanilleschoten	Süßspeisen, Getränke, Gebäck	*das Innere wird leicht ausgeschabt*
Wacholder	Rotkraut, Sauerkraut, Gulasch, Rindfleisch, rote Rüben	*beliebte Beigabe zur Beize*
Wermut	Fisch, Soßen	*sehr sparsam verwenden*
Ysop	Suppen, Fleisch, Salate, Soßen, Gemüse, Kartoffelsuppe, Faschiertes	*leicht bitterer Geschmack; einfach selbst zu ziehen*

Name	wird verwendet für	Anmerkungen
Zimt	Grießbrei, Topfenknödel, Birnenkompott, Bratapfel, Glühwein, Punsch, Weihnachtsbäckerei, Zwetschkenknödel	*sehr vielseitig zu verwendendes Gewürz*
Zwiebel	Fleischspeisen, Gemüse, Salate, Aufstriche, Soßen, Suppen, Reisspeisen	*gesundes Gewürz, das viel verwendet werden soll*

Ein Tip: Grüne und rote Pfefferoni fein hacken, mit Meersalz mischen und in einem Schraubglas im Kühlschrank aufbewahren, das ergibt das ganze Jahr über ein hervorragendes Würzmittel für Fleisch, Sojagerichte, Gemüse und Soßen. Auf die gleiche Weise kann man auch Suppenwürze herstellen. Dazu faschiert man Karotten, Sellerie, Petersilienwurzel, Zwiebel und Knoblauch und gibt kleingeschnittenen Liebstöckel sowie Meersalz dazu.

Keimen

Das Keimen ist besonders in den Wintermonaten, in denen es an biologisch gezogenen Gemüsen und Salaten mangelt, eine große Hilfe. Da versorgt uns der Keimapparat mit zusätzlichen Vitaminen. Notfalls kann man auch in einem Suppenteller keimen. Anleitungen zum Keimen erhält man in jedem Reformgeschäft.
Zum Keimen eignen sich alle Getreidearten, grüne Sojabohnen, Kichererbsen, Linsen, Sonnenblumenkerne sowie Kresse, Lein-, Senf-, Bockshornklee- und Luzernensamen.
Getreidekeime kann man zu Füllungen von Gemüse und Fleisch mischen oder für Suppen und Salate verwenden, die Samenkeimlinge eignen sich besonders gut zum Mischen mit Salaten und zum Garnieren verschiedener Speisen. Die Keime der gelben Senfkörner sollte man nur sparsam verwenden, da die Speisen sonst zu scharf werden.
Die Keime sind je nach Sorte in zwei bis sechs Tagen genießbar. Man sollte nicht zu viele Keimlinge auf einmal ansetzen, sondern öfter frische machen. Kresse und Leinsamen werden leicht schleimig, das schadet aber nicht; man kann die Keimlinge vor dem Anrichten mit etwas kaltem Wasser abschwemmen. Das Wasser, das von den Keimlingen abläuft, beinhaltet viele Kraftstoffe und sollte zum Gießen von Zimmerpflanzen verwendet werden.

Allgemeine Hinweise für das Kochen nach der Vollwert-Trennkost

1. Neutrale Lebensmittel passen sowohl zu konzentrierten Eiweißstoffen und sauren Früchten als auch zu Kohlehydraten, nicht aber Eiweißstoffe zu Kohlehydraten.
2. Zu Eiweißmahlzeiten sollte nur eine Eiweißart, also entweder Fleisch oder Fisch oder Eier oder Käse gegessen werden. Zu Kohlehydratmahlzeiten sollte nur eine Stärkemehlart, also entweder Getreidegerichte oder Brot oder Nudeln oder Reis oder Kartoffeln oder Mehlspeisen verwendet werden.
3. Körperlich schwer arbeitende Menschen und Kinder können täglich zwei konzentrierte Mahlzeiten zu sich nehmen (eine Eiweißmahlzeit zu Mittag und eine Kohlehydratmahlzeit am Abend). Bei sitzender Lebensweise sollte eine konzentrierte Mahlzeit genügen.
4. Als Fett sollte man nur Pflanzenfette wie Lein-, Sonnenblumen-, Oliven-, Soja- oder Weizenkeimöl verwenden, die mehrfach ungesättigte Fettsäuren enthalten bzw. naturbelassen oder kalt geschlagen sind. Margarine darf nur mehrfach ungesättigte Fettsäuren enthalten.
5. Butter und Pflanzenfette sollen in der Pfanne nur leicht zerlassen, nicht aber gebräunt werden.
6. Gemüse dünstet man im eigenen Saft mit wenig Wasserzugabe oder im Dampf (ausgenommen Karfiol und Spargel).
7. Das scharfe Braten von Fleisch in der Pfanne soll vermieden werden. Am besten dämpft man es im eigenen Saft oder läßt es im Rohr zugedeckt garen.
8. Bei der Auswahl der Lebensmittel sollte besonders auf Frische und Qualität geachtet werden. Marktangebote in der jeweiligen Jahreszeit sollten beim Einkauf berücksichtigt werden.
9. Rohgemüse (Salate) und Obst sollten vor jeder Mahlzeit gegessen werden.
10. Für Salate sollten immer zwei oder mehr Gemüsearten von „unter der Erde“ und ebenso viele von „über der Erde“ verwendet werden.
11. Keine raffinierten, konservierten und denaturierten Nahrungsmittel verwenden.
12. Zum Süßen verwendet man Honig oder flüssige Fruchtsüße, jedoch nur zu Kohlehydratmahlzeiten.

13. Nach jeder Mahlzeit mindestens drei Stunden Pause für die Verdauung einschalten.
14. Nach der Zwischenmahlzeit (ca. 16 Uhr) kein saures Obst mehr essen – es verträgt sich nicht mit Kohlehydraten.
15. Als Salz sollte man Meersalz verwenden, da dieses das Wasser nicht so sehr bindet. Gemüse kann man auch mit Kräutersalz würzen. Durch die Zugabe von Gewürzen kann das Salzen sehr eingeschränkt werden.
16. Für die vegetarische Küche empfiehlt sich zu Mittag anstatt Fleisch- oder Fischspeisen am besten ein Kartoffelgericht.
17. Ein bis zwei Fischmahlzeiten pro Woche sind den Vegetariern aber dennoch zu empfehlen (Eiweißmangel).
18. Als Abendmahlzeit für Vegetarier können alle angegebenen Kohlehydratrezepte und Menüvorschläge für Kohlehydratmahlzeiten verwendet werden.
19. Nach neuesten ernährungswissenschaftlichen Erkenntnissen kann zu Kohlehydratrezepten bereits Käse ab 55% Fett i. Tr. verwendet werden.
20. Bei Verwendung von z. B. Zitronen nur *ungespritzte* Früchte verwenden – insbesondere gültig für abgeriebene Schale.
21. Leinsamen soll man nicht in der Getreidemühle, sondern in der Mohnmühle mahlen, die aber täglich gewaschen werden muß, da der darin verbleibende Rest leicht ranzig wird.

Erläuterung der in den Rezepten vorkommenden Abkürzungen:

[E] = Rezept für Eiweißmahlzeit

[K] = Rezept für Kohlehydratmahlzeit

[N] = Rezept sowohl für Eiweiß- als auch für Kohlehydratmahlzeit

[E] + [K] = beinhaltet Änderungen für E- und K-Mahlzeit

MÜSLI

Der Phantasie sind bei den Müslis keine Grenzen gesetzt, es gibt so viele Arten Obst, die man dazu verwenden kann. An heißen Sommertagen könnte man auch mittags oder abends eine Müslimahlzeit machen.

Dinkelflockenmüsli [K]

Zutaten pro Person:
2–3 EL Dinkelflocken
1 KL Honig oder Ahornsirup
Frischobst
1 EL Topfen
3/8 l Milch
Nüsse, gerieben, oder
Sesam, angeröstet

Zubereitung: Dinkelflocken kurz einweichen. Vor dem Servieren die restlichen Zutaten dazugeben und mit so viel kalter oder lauwarmer Milch vermengen, daß das Müsli flüssig wird. Eventuell Nüsse oder Sesam darüberstreuen.

Zubereitungszeit: ca. 10 Minuten

Dinkelgrießmüsli [K]

Zutaten pro Person:
1/2 l Mineralwasser
2 EL Sauerrahm
50 g Dinkelgrieß
1 EL Honig
Heidelbeeren, Erdbeeren
oder Birnen, Trockenobst

Zubereitung: Mineralwasser mit Sauerrahm und Salz aufkochen, Dinkelgrieß dazugeben und unter Rühren kurz quellen lassen. Nach dem Kochen Honig und Butter einrühren, auf einem Teller anrichten, mit Beeren, geraspelten Birnen oder mit gedünsteten Trockenfrüchten garnieren.

Zubereitungszeit: ca. 15 Minuten

Dinkelschrotmüsli [K]

Zutaten pro Person:
5 EL Dinkelschrot
1/4 l Wasser
1 Prise Meersalz
1 EL Rosinen
Honig nach Geschmack
Trockenfrüchte, kl. geschn.
Buttermilch od. Kaffeeobers

Zubereitung: Schrot mit Wasser, Salz und Rosinen kurz aufkochen und zugedeckt im Rohr ca. 45 Min. nachdünsten lassen.
Die anderen Zutaten dazumischen und so viel Buttermilch oder Kaffeeobers dazugeben, daß die Masse dickflüssig wird.

Zubereitungszeit: ca. 60 Minuten

Fünfkorn- oder Sechskornmüsli

[K]

Zutaten pro Person:
3–4 EL Körnermischung aus dem Reformhaus
Äpfel, gerieben (oder anderes Obst)
Trockenfrüchte, geschnitten
Nüsse (nach Belieben), gerieben
Saft von 1/2 Zitrone
Milch (oder Butter-, Sauermilch, Kefir, Bioghurt) zum Verdünnen

Zubereitung: Körnermischung mit so viel Wasser verrühren, daß es knapp darüber steht; die Nacht über in den Kühlschrank stellen (das Geschrotete soll nicht länger als 10 Stunden quellen). Am nächsten Morgen das Korn mit Äpfeln, Trockenfrüchten, Nüssen und Zitronensaft mischen. Mit Milch verdünnen.

Tip: Sehr gesund ist dieses Müsli mit etwas Weizenkeimöl, Sesamöl, Leinöl oder gemahlenem Leinsamen (für den atonischen Darm).

Zubereitungszeit: am Abend ca. 5 Minuten, am Morgen ca. 10 Minuten

Gerstenmüsli

[K]

Zutaten pro Person:
3–4 EL Gerste, geschrotet
Honig oder flüssige Fruchtsüße
1 Apfel, grob gerieben (oder anderes Frischobst, klein geschnitten, oder Trockenfrüchte)
etwas Obers

Zubereitung: Gerstenschrot in gleich viel Wasser einweichen (keinesfalls länger als 8 Stunden). Vor dem Servieren Honig nach Geschmack, den Apfel und etwas Obers untermengen.
Zur Abwechslung grobgeriebene Nüsse oder Mandeln dazugeben.

Tip: Man kann dieses Müsli auch aus anderen Getreidearten machen, auch aus Buchweizen. Will man das Müsli flüssiger machen, gibt man noch Milch dazu.

Zubereitungszeit: am Abend ca. 5 Minuten, am Morgen ca. 10 Minuten

Haferflockenbrei (Porridge) [K]

Zutaten:
Wasser
Salz
Haferflocken
Obers
Honig oder Rohrzucker

Zubereitung: Wasser mit etwas Salz erhitzen und so viel Haferflocken einrühren, bis ein dünner Brei entsteht; kurz aufkochen und danach 2–3 Minuten bei kleiner Flamme ziehen lassen; mit etwas Obers und Honig oder Rohrzucker servieren.

Zubereitungszeit: ca. 10 Minuten

Haferflockenmüsli [K]

Zutaten pro Person:
3–4 EL Haferflocken
Rosinen
Feigen (oder Datteln oder Dörrzwetschken), klein geschnitten
1 EL Honig
Milch

Zubereitung: Haferflocken, Rosinen, Feigen und Honig vermischen und mit so viel kalter oder leicht erwärmter Milch übergießen, bis eine breiige Masse entsteht.

Zubereitungszeit: ca. 10 Minuten

Weizenmüsli [K]

Zutaten pro Person:
3–4 EL Weizen, geschrotet
1 EL Leinsamen, ganz
2 EL Sauerrahm oder Obers
1 KL Honig
Frischobst, klein geschnitten
Nüsse, klein gehackt
1 EL Leinöl

Zubereitung: Weizenschrot und Leinsamen mit so viel Wasser mischen, daß ein dünner Brei entsteht; über Nacht in den Kühlschrank stellen. Am Morgen Rahm, Honig und Obst dazurühren.
Eventuell Nüsse und Leinöl daruntermischen.

Anmerkung: Der Weizen soll nicht länger als maximal 10 Stunden quellen, da sonst Schimmelgefahr besteht!

Zubereitungszeit: am Abend ca. 5 Minuten, am Morgen ca. 10 Minuten

SALATE

Dem Kapitel „Salate“ wurde besondere Aufmerksamkeit gewidmet, da Salate und Rohkost wichtige Bestandteile der Trennkost sind. Zur Verdauung sind die darin enthaltenen Ballaststoffe sehr wichtig, in den rohen Salaten sind überdies sehr viele Vitamine enthalten. Wichtig ist es, Salate und Rohkost als Einleitung zu einer Mahlzeit zu geben, da sie dann die beste Wirkung auf Magen und Darm haben. Am vorteilhaftesten ist es, wenn man für eine Salatplatte zwei oder mehr Gemüsearten von „unter der Erde“ und ebenso viele von „über der Erde“ verwendet.
Gibt man den Salat vor einer Kohlehydratmahlzeit, so mischt man ihn am besten mit Rahmdressing oder Molkeessig. Zu Eiweißmahlzeiten kann man Zitronensaft oder Obstessig verwenden.
Ein Tip: In zwei Flaschen mit Patentverschluß gehackten Knoblauch, geschnittenen Zwiebel, grüne Pfefferkörner, etwas Basilikum und einen Zweig Rosmarin oder Thymian geben und mit kaltgeschlagenem Öl und Molkeessig (für Kohlehydratmahlzeiten) oder Obstessig (für Eiweißmahlzeiten) anfüllen. So hat man immer eine würzige Marinade bereit und braucht nur mehr Salz dazuzugeben. Vor Gebrauch gut schütteln!
Bierhefe ist ein wichtiger Vitamin-B-Träger, und es ist sehr zu empfehlen, für 4 Personen ein KL davon der Salatmarinade beizugeben.

Einen Teil des Salates sollte man immer vor den anderen Speisen essen, das stimmt den Magen ein und ist besonders wichtig für etwas übergewichtige Menschen, weil es den Heißhunger nimmt und man nachher nicht mehr so viel von eventuell üppigeren Gerichten ißt.

Blaukrautsalat

N

Zutaten:
1 Kopf Blaukraut
Essig
1 EL kaltgepreßtes Öl
Prise Meersatz

Zubereitung: Das Blaukraut ganz fein schneiden, eine Marinade aus Essig, Öl und Salz herstellen, alles gut vermischen. Einige Zeit stehen lassen.

Zubereitungszeit: ca. 25 Minuten

Chinakohlsalat

E

Zutaten:
1 Chinakohl
Obstessig
Meersalz
1–2 Knoblauchzehen
kaltgepreßtes Öl

Zubereitung: Chinakohl in Streifen schneiden, mit einer Marinade aus Obstessig, Meersalz, zerdrücktem Knoblauch und kaltgepreßtem Öl vermischen.

Tip: Man kann auch feingeschnittene Ringe von Porree oder Zwiebel oder auch eine Salatgurke dazugeben.

Zubereitungszeit: ca. 10 Minuten

Endiviensalat

E + K

Zutaten:
1 Endiviensalat
Obstessig
Öl
Meersalz
Zwiebel, fein gehackt
Sauerrahm

Zubereitung: Den Salat gut waschen, feinnudelig schneiden, mit einer Marinade aus Obstessig, Öl, Meersalz und Zwiebel vermischen (Eiweiß) oder Sauerrahm (Kohlehydrate) verwenden.

Tip: Zur zweiten Variante kann auch Kartoffelsalat gemischt werden.

Zubereitungszeit: ca. 10 Minuten

Farmers Fisolensalat

E

Zutaten:
500 g grüne Fisolen
500 g Spargelfisolen
1 Zwiebel, grob gehackt
1 grüner, 1 gelber, 1 roter Paprika, in Streifen geschn.
2 Knoblauchzehen
2 EL Obstessig
kaltgepreßtes Öl
Spritzer Sojasoße
etwas Senf
Bohnenkraut, klein gehackt
Meersalz

Zubereitung: Grüne Fisolen und Spargelfisolen klein schneiden, in Salzwasser kochen und auskühlen lassen. Zwiebel, Paprikastreifen und zerdrückte Knoblauchzehen gut vermengen; mit einer Marinade aus Obstessig, Öl, Sojasoße, Senf und Bohnenkraut vermischen, die Fisolen leicht untermengen.

Zubereitungszeit: ca. 50 Minuten

Fenchelsalat

N

Zutaten:
2 Fenchelknollen
etwas Meersalz
Obstessig
1 EL kaltgepreßtes Sonnenblumenöl

Zubereitung: Die äußeren, harten Blätter wegnehmen (man kann sie zu einer Gemüsebrühe dazugeben); die Knollen gut waschen, in feine Ringe schneiden. Mit Salz, Essig und Öl vermischen. Das sehr fein geschnittene zarte Grüne des Fenchels darüberstreuen.

Zubereitungszeit: ca. 10 Minuten

Fenchel-Apfel-Salat

E

Zutaten:
1 große oder 2 kleine Fenchelknollen
1 säuerlicher Apfel
Apfelessig
kaltgepreßtes Öl
Meersalz
einige Nüsse, gehackt

Zubereitung: Fenchel fein schneiden und Apfel ungeschält raffeln; dann mit Apfelessig, Öl und Meersalz mischen; Nüsse und Grünes vom Fenchel darüberstreuen.

Zubereitungszeit: ca. 10 Minuten

Französischer Salat

K

Zutaten:
speckige Kartoffeln
Meersalz
Molkeessig
Karotten
Kohlrabi
Sellerie
Karfiol
Erbsen
Fisolen
Mayonnaise
Schnittlauch

Zubereitung: Mit der Schale gekochte Kartoffeln schälen, würfelig schneiden und mit verdünntem, mit Meersalz abgeschmecktem Molkeessig mischen; gekochte Karotten, Kohlrabi und Sellerie würfelig schneiden, mit kleinen Karfiolröschen, Erbsen und kleingeschnittenen Fisolen – alles kernig gekocht – sowie mit Mayonnaise vermischen und einige Zeit durchziehen lassen; mit Schnittlauch bestreuen.

Zubereitungszeit: ca. 45 Minuten

Grüner Salat

E + K

Zutaten:
1 Kopfsalat
kaltgepreßtes Öl
Obstessig
Meersalz
Schnittlauch

Zubereitung: Möglichst frisch geernteten Salat gut waschen, abtropfen, mit Öl, verdünntem Obstessig und Meersalz mischen und mit Schnittlauch bestreuen (für Kohlehydrat Molkeessig).

Zubereitungszeit: ca. 10 Minuten

Gurkensalat

E + K

Zutaten:
1 Gurke
kaltgepreßtes Öl
Obstessig
Meersalz
1 Knoblauchzehe
Borretsch
Sauerrahm
Dille

Zubereitung: Öl, Obstessig, Meersalz, zerdrückte Knoblauchzehe und gehackten Borretsch zu einer Marinade rühren; knapp vor dem Servieren Gurke feinblättrig hineinschneiden. Kann anstatt mit Öl und Essig mit Sauerrahm (Kohlehydrate) abgemischt werden.
Eventuell mit Dille bestreuen.

Zubereitungszeit: ca. 10 Minuten

Heringsalat

E

Zutaten:
ca. 300 g marinierte Heringe, klein geschnitten
100 g Fisolen
100 g weiße Bohnen (Dose)
1 Zwiebel
1 grüner, 1 roter Paprika
3 Paradeiser
2 Eier, hart gekocht
Öl
Zitronensaft
Meersalz
Thymian
Basilikum
Kresse

Zubereitung: Fisolen in 1 cm lange Stücke schneiden, in Salzwasser kochen, abseihen und erkalten lassen. Zwiebel, Paprika, abgehäutete Paradeiser und Eischeiben klein schneiden, mit Fisolen, Bohnen und einer Marinade aus Öl, Zitronensaft, Meersalz, etwas frischem Thymian und Basilikum vermischen. Kleingeschnittene Heringe leicht darunterheben und mit Kresse oder anderen Frühlingskräutern verzieren.

Zubereitungszeit: ca. 40 Minuten

Hühnersalat

[E]

Zutaten:
300 g Hühnerfleisch, gek.
1 Sellerieknolle, gekocht
1 säuerlicher Apfel
1–2 Orangen
Mayonnaise
Zitronensaft
einige Nüsse, gehackt
etwas Zwiebel, fein gehackt
Meersalz

Zubereitung: Hühnerfleisch kleinwürfelig schneiden, Sellerieknolle, Apfel und Orangen klein schneiden. Alles mit Mayonnaise, Zitronensaft, Nüssen und Zwiebel gut mischen und ca. 1 Stunde ziehen lassen; kühl servieren.

Zubereitungszeit: ca. 20 Minuten

Karfiolsalat (gekocht)

[E] + [K]

Zutaten:
1 Karfiol
Essig
Öl
Meersalz
Sauerrahm
Petersilie oder Kerbel, geh.
Mayonnaise

Zubereitung: Gekochten Karfiol mit einer Essig-Öl-Marinade (Eiweiß) oder mit Sauerrahm (Kohlehydrate), Petersilie oder Kerbel vermischen oder mit Mayonnaise vermengen; kalt servieren.

Zubereitungszeit: ca. 35 Minuten

Karfiolsalat (roh)

[E]

Zutaten:
1 Karfiol
Obstessig
Öl
Petersilie, fein gehackt
Zwiebel, fein gehackt
Meersalz

Zubereitung: Die kleinen Röschen fein schneiden, mit einer Marinade aus Obstessig, Öl, Petersilie, Salz nach Geschmack und Zwiebel vermischen und etwas ziehen lassen.

Zubereitungszeit: ca. 5 Minuten

Karottensalat

[E] + [K]

Zutaten:
Karotten
kaltgepreßtes Öl
Obstessig
Meersalz
Sauerrahm

Zubereitung: Öl, verdünnten Obstessig und Meersalz vermischen und geputzte Karotten fein hineinreiben. Zur Kohlehydratmahlzeit verwendet man Sauerrahm anstatt Obstessig.

Zubereitungszeit: ca. 15 Minuten

Karotten-Apfel-Salat E

Zutaten:
4 große Karotten
2 säuerliche Äpfel
Obstessig
2 EL Sonnenblumenöl
1 EL Nüsse, grob gehackt

Zubereitung: Da Äpfel schnell braun werden, zuerst die Marinade in einer Salatschüssel anrühren, dann Äpfel und Karotten hineinreiben. Alles gut durchmischen und die Nüsse darüberstreuen.

Zubereitungszeit: ca. 10 Minuten

Kartoffelsalat K

Zutaten:
speckige Kartoffeln
Molkeessig
kaltgepreßtes Öl
Meersalz
Zwiebel, klein gehackt
Schnittlauch oder Kerbel oder sonstige Kräuter
grüne und rote Paprikaschoten, fein gehackt

Zubereitung: Kartoffeln mit der Schale kochen, schälen und blättrig schneiden; Molkeessig, Öl, Meersalz und Zwiebel mit den Kartoffeln vermischen.
Eventuell mit Schnittlauch, Kerbel oder sonstigen Kräutern bestreuen oder Paprikaschoten daruntergeben.

Zubereitungszeit: ca. 45 Minuten

Käsesalat E

Zutaten:
200 g Emmentaler oder anderer Hartkäse
1 Scheibe Ananas
1 Pfirsich
1 Kiwi
1 KL grüner Pfeffer
1 Becher Joghurt
1 KL Curry
1 EL kaltgepreßtes Öl
etwas Muskatnuß
Meersalz
Saft von 1/2 Zitrone

Zubereitung: Käse nudelig schneiden oder grob raffeln; Ananas, Pfirsich und Kiwi schneiden; Pfeffer hacken, mit den weiteren Zutaten mischen; alles gut vermengen und kalt servieren.

Zubereitungszeit: ca. 15 Minuten

Kohlrabisalat

E + K

Zutaten:
Kohlrabi
Essig
Öl
Meersalz
Sauerrahm
beliebige Kräuter, fein gehackt

Zubereitung: Kohlrabi fein reiben, mit einer Essig-Öl-Marinade (Eiweiß) oder mit Sauerrahm (Kohlehydrate) vermischen und beliebige feingehackte Kräuter daruntermengen.

Zubereitungszeit: ca. 15 Minuten

Krautsalat (gekocht)

E

Zutaten:
1 Kopf Weißkraut
Kümmel
Obstessig
kaltgepreßtes Öl
Meersalz

Zubereitung: Feingeschnittenes Kraut in Salzwasser mit Kümmel kurz überkochen, mit verdünntem Obstessig vermischen und überkühlt Öl dazugeben.

Zubereitungszeit: ca. 25 Minuten

Krautsalat (roh)

E

Zutaten:
1 Kopf Weißkraut
Obstessig
kaltgepreßtes Öl
Meersalz
Kümmel

Zubereitung: Das Kraut fein schneiden oder hobeln; aus Obstessig, Öl, Meersalz und Kümmel eine Marinade machen; alles gut mischen und beschwert mindestens 1 Stunde ziehen lassen.

Zubereitungszeit: ca. 15 Minuten

Mayonnaisesalat

K

Zutaten:
Mayonnaise
Molkeessig
roter und grüner Paprika, klein geschnitten
Kartoffeln, gekocht
Schittlauch
Blattsalat

Zubereitung: Mayonnaise (Rezept S. 150) bereiten, mit Molkeessig etwas verdünnen, kleingeschnittene rote und grüne Paprika dazugeben, mit blättrig geschnittenen Kartoffeln mischen, mit Schnittlauch bestreuen und mit Blattsalat garnieren.

Zubereitungszeit: ca. 20–25 Minuten

Nudelsalat [K]

Zutaten:

300 g Vollkornnudeln
1 kleine Sellerieknolle, gekocht
1 Karotte, gekocht
1 säuerliche Birne
1 Salz- oder Essiggurke
100 g Erbsen, gekocht
Mayonnaise
Sauerrahm
Meersalz
Basilikum, Kerbel oder Schnittlauch

Zubereitung: Nudeln in Salzwasser kernig weich kochen, abseihen und kalt abschrekken; Sellerieknolle, Karotte, Birne und Gurke würfelig schneiden, Erbsen dazugeben, alles mit Mayonnaise (Rezept S. 150) binden und mit etwas Sauerrahm strecken; mit Meersalz abschmecken, gut vermischen und ca. 2 Stunden ziehen lassen. Mit Basilikum, Kerbel oder Schnittlauch bestreuen.

Zubereitungszeit: ca. 50 Minuten

Paprika-Paradeis-Salat [E]

Zutaten:

1 grüner, 1 gelber, 1 roter Paprika
5–6 Paradeiser
Obstessig
Öl
Meersalz
etwas Knoblauch
1 Zwiebel, fein geschnitten
Koriander, fein gehackt
100 g Schafkäse

Zubereitung: Paprikasalat wie im Rezept „Paprikasalat" zubereiten und blättrig geschnittene Paradeiser, Zwiebel und Koriander dazumischen.
Man kann würfelig geschnittenen Schafkäse darüberstreuen.

Zubereitungszeit: ca. 15 Minuten

Paprikasalat [E]

Zutaten:

1 grüner, 1 gelber, 1 roter Paprika
Obstessig
Öl
Meersalz
etwas Knoblauch

Zubereitung: Grünen, gelben und roten Paprika von den Kernen befreien, fein schneiden und mit einer Marinade aus Obstessig, Öl, Meersalz und etwas zerdrücktem Knoblauch vermischen.

Zubereitungszeit: ca. 10 Minuten

Paradeissalat

[N]

Zutaten:
500 g Paradeiser
1 Knoblauchzehe
1 kleine Zwiebel
oder einige Schalotten
Meersalz
Essig
kaltgepreßtes Sonnenblumenöl

Zubereitung: Die Salatschüssel mit der Knoblauchzehe ausreiben. Zwiebel in Ringe schneiden. Paradeiser vom Stengelansatz befreien und in Scheiben schneiden. Eventuell etwas feingehacktes Basilikum dazugeben. Essig mit etwas Wasser verdünnen, mit Salz und Öl vermischen, mit den übrigen Zutaten vermengen.

Zubereitungszeit: ca. 10 Minuten

Pikanter Salat nach Bauernart

[E] + [K]

Zutaten:
3 Paprika
1 Zwiebel
1 Zucchini
4 Paradeiser
1 kleine Gurke
Obstessig
kaltgepreßtes Olivenöl
Sauerrahm
Meersalz
Kräuter nach Belieben
10–15 Oliven
100 g Schafkäse

Zubereitung: Paprika, Zwiebel, Zucchini, Paradeiser und Gurken blättrig schneiden; mit einer Marinade aus Obstessig, Olivenöl (Eiweiß) oder Sauerrahmdressing (Kohlehydrate), Meersalz, verschiedenen Kräutern, Oliven und Schafkäse vorsichtig vermischen, damit der Schafkäse in Stückchen bleibt.

Zubereitungszeit: ca. 20 Minuten

Porreesalat

[E]

Zutaten:
einige dicke Porreestangen
Reste von Kalb- od. Hühnerfleisch, klein geschnitten
Obstessig
kaltgepreßtes Öl
Meersalz
Schnittlauch, fein geschn.

Zubereitung: Porreestangen sehr gut waschen, das Weiße in ganz feine Ringe schneiden, mit Kalb- oder Hühnerfleisch und einer Essig-Öl-Marinade und Meersalz vermischen; 1 Stunde ziehen lassen; mit Schnittlauch bestreut anrichten.

Zubereitungszeit: ca. 15 Minuten

Radicchiosalat [K]

Zutaten:
500 g Radicchio
1 mittlere Zwiebel, fein gehackt
2 EL Molkeessig
1 EL Senf
Meersalz
1 Eckerl Vollrahmkäse
kaltgepreßtes Öl
Schnittlauch, fein gehackt

Zubereitung: Salat putzen, waschen, große Blätter zerteilen, mit Zwiebel und einer Marinade aus Molkeessig, Senf, Meersalz und zerdrücktem Vollrahmkäse gut vermischen; vor dem Servieren Öl dazugeben, mit Schnittlauch bestreuen.

Zubereitungszeit: ca. 10 Minuten

Radieschen-Kohlrabi-Salat [E]

Zutaten:
1 Bund Radieschen
1 Bund Kohlrabi
Obstessig
kaltgepreßtes Öl
Meersalz
Dille oder Schnittlauch, fein gehackt

Zubereitung: Radieschen und Kohlrabi grob raffeln, mit einer Marinade aus Essig, Öl und Meersalz mischen, Dille oder Schnittlauch darüberstreuen.

Zubereitungszeit: ca. 15 Minuten

Radieschensalat [E] + [K]

Zutaten:
2 Bund Radieschen
Obstessig
kaltgepreßtes Öl
Meersalz
Kerbel oder Schnittlauch, fein gehackt
Sauerrahm

Zubereitung: Radieschen waschen, grob raffeln, mit einer Marinade aus Obstessig (Eiweiß), Öl, Meersalz und feingehacktem Kerbel oder Schnittlauch vermengen – oder Rahmdressing (Kohlehydrate) nehmen.

Zubereitungszeit: ca. 15 Minuten

Rettichsalat

E + K

Zutaten:
1 großer Bierrettich
Obstessig
kaltgepreßtes Öl
Meersalz
Kerbel oder Schnittlauch, fein gehackt

Zubereitung: Rettichsalat wird wie „Radieschensalat" zubereitet.

Tip: Falls der Rettich zu scharf ist, kann man Kohlrabi und vielerlei Kräuter daruntermischen.

Zubereitungszeit: ca. 10 Minuten

Rote-Rüben-Salat

E

Zutaten:
500 g rote Rüben, gekocht
Obstessig
kaltgepreßtes Öl
Kümmel
Meersalz
Kren

Zubereitung: Obstessig, Öl, Kümmel und Meersalz zu einer Marinade rühren; die roten Rüben schälen, blättrig schneiden oder fein raspeln, untermischen und ziehen lassen. Eventuell etwas Kren dazugeben.

Zubereitungszeit: ca. 45 Minuten

Rotkrautsalat

E

Zutaten:
1 Kopf Rotkraut
Sauerrahm
Zitronensaft
Meersalz
1 Zwiebel, klein gehackt
1 Apfel, ungeschält, fein gerieben

Zubereitung: Eine Marinade aus Sauerrahm, Zitronensaft, Meersalz, Zwiebel und Apfel bereiten; das feingeschnittene Kraut dazugeben, gut durchrühren und 1 Stunde ziehen lassen.

Zubereitungszeit: ca. 25 Minuten

Salat „Ascona" [E]

Zutaten:
1 Kopfsalat
1 kleine Gurke
3–4 Paradeiser
100 g Diätwurst
50 g Parmesan, gerieben
3 EL kaltgepreßtes Öl
Meersalz
1 Zwiebel, klein geschnitten
flüssige Würze

Zubereitung: Kopfsalat zerkleinern, Gurke und Paradeiser in Scheiben, Diätwurst in Streifen schneiden; Parmesan, Öl, Meersalz, Zwiebel und ganz wenig flüssige Würze gut vermischen, abschmecken und über den Salat geben.

Tip: Statt Diätwurst kann man auch Reste von gedünstetem Geflügel nehmen.

Zubereitungszeit: ca. 15–20 Minuten

Salat „Ostermontag" [E]

Zutaten:
1 Ei pro Person
frischer Blattspinat
1 säuerlicher Apfel
3–4 Paradeiser
4 Delikateßgurkerln
Brunnen- oder Gartenkresse
Schnittlauch
Obstessig
kaltgepreßtes Öl
1 Knoblauchzehe, zerdrückt
Meersalz

Zubereitung: Für hartgekochte Ostereier bietet sich folgendes Rezept an: Eier, Spinat, Apfel, Paradeiser, Gurkerln, Kresse und Schnittlauch klein schneiden; mit Marinade aus Obstessig, Öl, Knoblauch und Meersalz vorsichtig mischen, damit die Eistücke nicht zerfallen.

Tip: Man kann mit Radieschenscheiben, Kresse und gehacktem Ei garnieren.

Zubereitungszeit: ca. 30 Minuten

Sauerampfersalat [E]

Zutaten:
Sauerampfer
Obstessig
kaltgepreßtes Öl
Meersalz

Zubereitung: Sauerampfer gut waschen, klein schneiden, mit einer Essig-Öl-Marinade mischen, zu anderen Salaten mengen oder zur Garnierung verwenden.

Zubereitungszeit: ca. 10 Minuten

Sauerkrautsalat

E + K

Zutaten:
Sauerkraut
etwas Zwiebel, fein gehackt
kaltgepreßtes Öl
Sauerrahm
Basilikum

Zubereitung: Sauerkraut klein schneiden, mit Zwiebel, Öl (Eiweiß) vermischen oder eine Marinade aus Sauerrahm, Zwiebel und Basilikum (Kohlehydrate) verwenden.

Zubereitungszeit: ca. 10 Minuten

Selleriesalat

E + K

Zutaten:
1 Sellerieknolle
Obstessig
kaltgepreßtes Öl
Meersalz
Zwiebel, klein gehackt
Sauerrahm

Zubereitung: Sellerie kochen, schälen, in Scheiben oder nudelig schneiden, mit Marinade aus Obstessig, Öl, Meersalz, Zwiebel (Eiweiß) oder mit Sauerrahmdressing (Kohlehydrate) vermengen.

Zubereitungszeit: ca. 40 Minuten

Sommersalat

K

Zutaten:
1 gelber, 1 grüner, 1 roter Paprika
500 g heurige Kartoffeln, gekocht
4–5 Paradeiser
1 Bund Radieschen
1 Bund Jungzwiebeln
1 kleine Dose Spargelspitzen
15 Oliven
Blattsalat nach Belieben
kaltgepreßtes Öl
Molkeessig
Meersalz
Kresse, Kerbel oder Dille

Zubereitung: Paprikaschoten in Streifen, geschälte Kartoffeln in Scheiben schneiden, Paradeiser achteln, Radieschen und Jungzwiebeln in Scheiben schneiden, Oliven halbieren; Salatschüssel mit Blattsalat auslegen, die zugerichteten Zutaten und die Spargelspitzen darauf geben, mit Marinade aus Öl, Molkeessig und Meersalz übergießen, mit Kräutern bestreuen, kalt stellen.

Tip: Dieser Salat ist an heißen Tagen als Vollmahlzeit sehr erfrischend.

Zubereitungszeit: ca. 40 Minuten

Staudenselleriesalat [E]

Zutaten:
2 Stangen Sellerie
3 feste, säuerliche Äpfel, grob gerieben
1 Becher Joghurt
1 EL kaltgepreßtes Öl
Kräuter der Saison
Obstessig
ev. Prise Meersalz

Zubereitung: Die Selleriestauden gut waschen, in Streifen schneiden, mit den anderen Zutaten vermischen, gut gekühlt servieren.

Tip: Man kann Staudensellerie auch zu gemischtem Salat servieren; gut schmeckt auch eine Mischung mit Sprossen oder Keimen.

Zubereitungszeit: ca. 15 Minuten

Vogerlsalat [K]

Zutaten:
Vogerlsalat
Öl
Essig
Meersalz

Zubereitung: Den Salat putzen, gut waschen und mit einer Marinade aus Öl, Essig und Meersalz vermischen (schmeckt gut mit Kartoffelsalat) (Kohlehydrate).

Zubereitungszeit: ca. 10 Minuten

Zucchinisalat [E]+[K]

Zutaten:
Zucchini
Meersalz
Knoblauch, fein gehackt
Zitronenmelisse
Dille
Obstessig
kaltgepreßtes Öl
Sauerrahm

Zubereitung: Zucchini feinblättrig schneiden, mit Meersalz bestreuen, gut durchmischen und einige Zeit ziehen lassen; Knoblauch, Zitronenmelisse und Dille darüberstreuen und mit einer Essig-Öl-Marinade (Eiweiß) oder einem Sauerrahmdressing (Kohlehydrate) vermischen.

Zubereitungszeit: ca. 15 Minuten

SUPPEN

Suppen sollte man nicht zu Beginn einer Mahlzeit servieren, wie das bei den meisten Menüs der Fall ist – viel besser eignen sich dafür Rohkostsalate und eventuell rohe Suppen.
Suppen sollten „Fast-Hauptspeisen" sein, da sie leicht verdaulich sind und den Magen kaum belasten. Vor allem als Abendessen sind Suppen sehr zu empfehlen. Gemüsesuppen gibt es in so vielen Varianten, daß man immer wieder Neues auf den Tisch bringen kann. Alle Saisongemüse eignen sich sowohl für klare wie für gebundene Suppen. Im Kapitel „Kräuter und Gewürze" (S. 14) findet jeder bestimmt auch Anregungen für abwechslungsreiches Würzen.
Rindsuppe ist durch die Ablagerung von Harnsäure in den Gelenken sehr nachteilig, und man sollte sie daher nicht zu oft kochen. Als gesunder Ersatz empfiehlt sich eine Gemüsebouillon, entweder nach folgendem Grundrezept oder mit einem Gemüsebrühwürfel zubereitet, in die man die verschiedensten Einlagen geben kann.

Klare Suppen

Gemüsebouillon (Grundrezept)

Zutaten:
Zwiebel
Knoblauch
Margarine
Gemüsereste
Maggikraut
Petersilienwurzeln
Meersalz
Wasser

Zubereitung: Zwiebelscheiben und Knoblauch in wenig Margarine andünsten, Gemüsereste wie Spargelschalen, Erbsen- oder Fisolenschoten, Karfiolstrünke, Kohlrabi- und Sellerieblätter, Porree usw. kleingeschnitten dazugeben, mit entsprechend viel Wasser ca. 20 Minuten kochen (noch besser 10 Minuten im Drucktopf) und dann abseihen.

Tip: Man kann die Bouillon in kleinen Mengen sehr gut einfrieren.

Zubereitungszeit: ca. 30 Minuten

Suppeneinlagen

Bröselknöderln

K

Zutaten:
1 EL Butter oder Margarine
1 Dotter
3 EL Vollkornbrösel
Prise Meersalz
Petersilie, fein gehackt
etwas Muskatnuß

Zubereitung: Fett mit Dotter gut abrühren, die restlichen Zutaten dazugeben, gut vermischen. Aus der Masse kleine Knöderln formen, ein Probeknöderl in die Suppe einlegen. Ist der Teig zu weich, gibt man noch Brösel dazu. Die höchstens nußgroßen Knöderln in die leicht wallende Suppe einlegen und ca. 10 Minuten ziehen lassen.

Tip: Man kann die Knöderln in klare Suppe oder in Einmachsuppe einkochen.

Zubereitungszeit: ca. 25 Minuten

Butternockerln

K

Zutaten:
1 Dotter
1 EL Butter
Prise Meersalz
3 EL Dinkelmehl
Petersilie, fein gehackt

Zubereitung: Dotter und Butter abtreiben, die anderen Zutaten dazugeben, kleine Nockerln in die Suppe einlegen. Es ist vorteilhaft, ein Probenockerl einzulegen. Ist es zu weich, gibt man ein bißchen Vollkornmehl dazu.

Zubereitungszeit: ca. 25 Minuten

Eingetropftes

E + **K**

Zutaten:
1 Dotter oder
1 ganzes Ei
Meersalz
Weizenmehl oder
Sojamehl
Kräuter nach Belieben

Zubereitung: Dotter mit etwas Mineralwasser, Meersalz und Weizenmehl zu einer dickflüssigen Masse rühren (Kohlehydrate), in Suppe langsam einkochen und mit Kräutern servieren. Zu Eiweißmahlzeiten ganzes Ei und Sojamehl verwenden (Eiweiß)!

Zubereitungszeit: ca. 10 Minuten

Grießnockerln

K

Zutaten:
2 Dotter
1/4 l Sauerrahm
Meersalz
Grieß
Schnittlauch, fein geschnitten

Zubereitung: Dotter mit Sauerrahm verrühren, etwas Meersalz und so viel Grieß dazugeben, bis eine ziemlich dicke Masse entsteht (30 Minuten quellen lassen). In kochende Gemüsebrühe ein Probenockerl einlegen (mehr ziehen als kochen lassen); falls es zu hart ist, noch etwas Rahm, wenn es zu weich ist, noch etwas Grieß zugeben. Ca. 10 Minuten leicht wallen, dann noch kurz ziehen lassen. Zuletzt mit Schnittlauch bestreuen.

Tip: Man kann nach Geschmack der Grießnockerlmasse etwas Muskatnuß, Majoran oder Thymian beifügen.

Zubereitungszeit: ca. 50 Minuten

Haferflockennockerln

K

Zutaten:
1 Dotter
1 EL Margarine oder Butter
Meersalz
Petersilie, fein gehackt
2 EL Haferflocken
Schnittlauch, fein geschn.

Zubereitung: Dotter mit Margarine oder Butter, Meersalz und Petersilie abtreiben und mit Haferflocken gut vermengen; kleine Nockerln in Suppe vorsichtig kochen und mit Schnittlauch bestreut servieren.

Zubereitungszeit: ca. 15 Minuten

Käseschnitten

K

Zutaten:
2 Vollkornsemmeln
30 g Butter
1 Eckerl Streichkäse
1 Dotter
Meersalz
etwas Muskatnuß

Zubereitung: Die Zutaten werden flaumig gerührt, auf die Brötchenscheiben gestrichen und bei guter Oberhitze im Rohr gebacken. Knapp vor dem Anrichten in die Suppe geben oder extra auf einem Teller servieren.

Zubereitungszeit: ca. 40 Minuten

Gebundene Suppen

Brennesselsuppe

[K]

Zutaten:
junge Brennesseln
1 kl. Zwiebel, fein gehackt
Margarine
1 EL Vollkornmehl
Gemüsebrühe
Spinatblätter, fein gehackt
Muskatnuß
Meersalz
1 Dotter
etwas Sauerrahm

Zubereitung: Junge Brennesseln waschen, in wenig, leicht gesalzenem Wasser einige Minuten überkochen und kleinhacken oder mixen; die Zwiebel in Margarine hell dünsten, Vollkornmehl etwas mitrösten, mit Gemüsebrühe oder Wasser aufgießen, die Brennesseln, kleingehackte Spinatblätter und Muskatnuß dazugeben, nochmals aufkochen und mit Salz abschmecken; vor dem Anrichten mit einem Eidotter und etwas Sauerrahm legieren.

Zubereitungszeit: ca. 20 Minuten

Brotsuppe

[K]

Zutaten:
altbackenes Brot
1 mittelgroße Zwiebel
30 g Margarine
1,5 l Wasser
1 Gemüsebrühwürfel
Meersalz
Kümmel, gemahlen
Sauerrahm

Zubereitung: Die Zwiebel wird fein, das Brot blättrig oder in Würfel geschnitten. Beides in der Margarine rösten, mit kaltem Wasser aufgießen, mit einem Gemüsewürfel, Meersalz und Kümmel abschmecken, gut verkochen lassen und versprudeln oder im Mixer pürieren. In Suppentassen oder auf Tellern anrichten; mit einem Löfferl Rahm jede Portion garnieren.

Zubereitungszeit: ca. 25 Minuten

Chinakohlsuppe

E

Zutaten:
1 Chinakohl
1 Zwiebel, gehackt
Margarine
Gemüsebrühe
Meersalz
flüssige Suppenwürze
Petersilie, fein gehackt

Zubereitung: Chinakohl fein schneiden, mit Zwiebel in Margarine andünsten, mit Gemüsebrühe oder Wasser aufgießen, salzen und ca. 5 Minuten kochen lassen; im Mixer pürieren, mit Suppenwürze abschmecken; vor dem Servieren mit Petersilie bestreuen.

Zubereitungszeit: ca. 20–25 Minuten

Einmachsuppe

K

Zutaten:
50 g Vollweizenmehl
50 g Butter
1 l Wasser
Meersalz
Gemüsebrühwürfel
Petersilie oder Schnittlauch, fein gehackt

Zubereitung: Man dünstet das Mehl mit der Butter leicht an, löscht mit etwas kaltem Wasser ab, gibt 1 Liter kochendes Wasser dazu, versprudelt gut, damit keine Klumpen entstehen, schmeckt mit Meersalz und Gemüsebrühwürfel ab und läßt kurz verkochen. Petersilie oder Schnittlauch darüberstreuen.

Tip: Man kann in diese Suppe auch in Butter gedünstete Vollkorngebäck-Würferln oder Bröselknöderln geben (Rezept S. 41).

Zubereitungszeit: ca. 10 Minuten

Erbsensuppe

K

Zutaten:
300 g Erbsen
Gemüsebrühe
1–2 EL Vollweizenmehl
Margarine
Meersalz
Petersilie oder Basilikum, fein gehackt

Zubereitung: Frische oder eingefrorene Erbsen in Wasser oder Gemüsebrühe weich kochen; für 1 Liter Suppe 1–2 EL Vollweizenmehl in Margarine andünsten, mit der Suppe ablöschen, mit Meersalz abschmecken und aufkochen lassen; vor dem Servieren mit Petersilie oder Basilikum bestreuen.

Tip: Für Cremesuppe einen Teil der Erbsen pürieren.

Zubereitungszeit: ca. 25 Minuten

Fischbeuschelsuppe

E

Zutaten:
Fischabfälle (Kopf, Schwanzstück vom Karpfen)
Lorbeerblatt
Meersalz
Wacholderkörner
Pfefferkörner
Wurzelwerk
Karpfeninnereien (Milch bzw. Rogen)

Zubereitung: Fischabfälle kocht man in genügend Wasser mit Lorbeerblatt, Meersalz, Wacholder- und Pfefferkörnern und seiht ab; in dieser Brühe kocht man Wurzelwerk; wenn dieses fast weich ist, gibt man die Innereien eines Karpfens dazu, läßt noch kurz kochen und seiht dann ab; das von den Fischstücken abgelöste Fleisch, die Innereien und das Wurzelwerk schneidet man fein nudelig, gibt alles in die Suppe.

Tip: Man kann die fertige Suppe mit 1 Dotter legieren, mit einigen gehackten Walnüssen und gehackter Petersilie bestreuen.

Zubereitungszeit: ca. 90 Minuten

Fischcremesuppe

E

Zutaten:
Fischabfälle
Zwiebel
Petersilienwurzel
Melanzani
Sellerieknolle
Porree
Butter
grüne Pfefferkörner
1 Lorbeerblatt
Nelken
Gemüsebrühe
Milch
1 Dotter
Zitronensaft
Sojamehl
1 Tasse gekochtes Gemüse (Erbsen, Karfiol, Karotten)
Petersilie
Kerbel
Meersalz

Zubereitung: Zwiebel, Petersilienwurzel, Melanzani, Sellerie und Porree klein schneiden und in Butter andünsten; Fischabfälle dazugeben, ebenso einige grüne Pfefferkörner, Lorbeerblatt, Nelken, Gemüsebrühe und Milch, salzen nach Geschmack; die Suppe auf schwacher Hitze ca. 20 Minuten lang kochen lassen; Fischabfälle herausheben, von den Gräten lösen und die Suppe pürieren; Milch, Eigelb, Zitronensaft und etwas Sojamehl verquirlen, zur Suppe rühren und erhitzen; Fischfleisch und eine Tasse gekochtes Gemüse (Erbsen, Karfiol, Karotten) darin erhitzen und mit Petersilie oder Kerbel bestreuen.

Zubereitungszeit: ca. 40 Minuten

Frühlingskräutersuppe [K]

Zutaten:
2 EL Margarine
EL Vollweizenmehl
1 l Gemüsebrühe
Frühlingskräuter, fein gehackt
Meersalz

Zubereitung: Mehl in Margarine anschwitzen, mit Gemüsebrühe aufgießen, Frühlingskräuter (Brennesseln, Sauerampfer, Gänseblümchenblätter und -blüten, Bärlauch usw.) in die Suppe geben und kurz aufkochen, salzen nach Geschmack.

Tip: 1. Vor dem Servieren kann man die Suppe mit 1 Dotter und etwas Sauerrahm legieren und mit Schnittlauch, Borretsch oder Kresse bestreuen.
2. Man kann die Kräuter auch der klaren Gemüsebrühe beifügen.

Zubereitungszeit: ca. 20 Minuten

Gemüsecremesuppe [K]

Zutaten:
Gemüse der Saison
einige Salat- oder Spinatblätter oder
junge Brennesseln
1 EL Vollkornmehl
etwas Butter oder Margarine oder Sauerrahm
Petersilie oder Kerbel, gehackt
Meersalz

Zubereitung: Gemüse in Salzwasser kochen; im Mixer mit einigen Salat- oder Spinatblättern oder jungen Brennesseln und Vollkornmehl pürieren und nochmals aufkochen; zum Schluß Butter oder Margarine oder Sauerrahm dazugeben; mit Petersilie oder Kerbel bestreuen.

Zubereitungszeit: ca. 25 Minuten

Gemüsesuppe (gekocht) [E] + [K]

Zutaten:
Gemüse der Saison
Meersalz
Butter oder Margarine
Petersilie, Schnittlauch,
Dille oder Kerbel, gehackt

Zubereitung: Hiezu kann man jegliches Gemüse der Saison verwenden. Nur bei Paradeisern muß man vorsichtig sein. Soll nach der Suppe eine Kohlehydratmahlzeit folgen, dürfen keine gekochten Paradeiser dabei sein.
Die verschiedenen Gemüsesorten gut waschen, nudelig oder würfelig schneiden, Karfiolröschen zerteilen; alles in der benötigten Menge Wasser mit Zusatz von Meersalz weichkochen; ein Stückchen Butter oder Margarine beifügen und mit Petersilie, Schnittlauch, Dille oder Kerbel bestreuen.

Tip: 1. Man kann diese Suppe natur belassen oder einen Teil davon mit einer gekochten Kartoffel pürieren.
2. Wer gerne eine dickere Suppe hat, kann auch etwas Vollkornmehl in ein wenig Margarine andünsten und diese Einmach dazugeben, die Suppe damit nochmals aufkochen und die Kräuter erst nachher hineingeben (Kohlehydrate).

Zubereitungszeit: ca. 20 Minuten

Gemüsesuppe (roh) E + K

Zutaten:
1/2 Sellerieknolle
1 Karotte
1 Petersilienwurzel
mehrere Kraut- oder Chinakohlblätter
1 kleine Porreestange
1 Paradeiser
1 l Gemüsebrühe
Sauerampfer, Petersilie, Basilikum oder Kerbel, klein geschnitten
1 KL Butter
etwas Sauerrahm
Meersalz

Zubereitung: Sellerie, Karotte, Petersilienwurzel, Kraut- oder Chinakohlblätter, Porree und Paradeiser im Mixer mit wenig Wasser pürieren; in eine heiße Gemüsebrühe schütten, Sauerampfer, Petersiliengrün, Basilikum oder Kerbel dazugeben, ebenso 1 Stückchen Butter, salzen nach Geschmack; nochmals durchrühren, in Suppentassen anrichten und mit einem Tupfen Sauerrahm verzieren.

Zubereitungszeit: ca. 20 Minuten

Gemüsesuppe (roh) mit Joghurt E

Zutaten:
1 Paprikaschote
1/2 kleine Gurke
1 kleine Zwiebel
1 junger Kohlrabi
etwas Knoblauch
1 EL kaltgepreßtes Öl
1 Spritzer Obstessig
1/2 l Joghurt oder Buttermilch
Meersalz
2 Paradeiser
Kerbel, Dille, Schnittlauch, fein geschnitten

Zubereitung: Paprikaschote, Zwiebel, etwas Knoblauch, Kohlrabi, Salz, Öl und Obstessig mixt man nicht zu fein, gibt Joghurt oder Buttermilch dazu und stellt kalt; vor dem Servieren gibt man in Würfel geschnittene, abgehäutete Paradeiser und Kräuter dazu.

Zubereitungszeit: ca. 15 Minuten

Gesundheitssuppe

E + K

Zutaten:
Löwenzahn, Gundelrebe, Spitzwegerich, Gänseblümchen, Erdbeeren, Kerbel, Petersilie, Sauerampfer
Kopfsalat
etwas Butter oder Margarine
Meersalz
1 Dotter
etwas Sauerrahm
Schnittlauch, fein geschnitten

Zubereitung: Im Frühjahr sammelt man die noch zarten Blätter von Löwenzahn, Gundelrebe, Spitzwegerich, Gänseblümchen, Erdbeeren, Kerbelkraut, Petersilie und Sauerampfer (später nur die letzten drei); diese Kräuter sowie einige Blätter Kopfsalat werden gut gewaschen, nicht zu fein geschnitten, in etwas Butter oder Margarine angedünstet, mit kochendem Wasser aufgefüllt, gesalzen und weich gekocht; mit Dotter und Sauerrahm legieren und mit viel Schnittlauch bestreut servieren.

Zubereitungszeit: ca. 25 Minuten

Grießsuppe

K

Zutaten:
4 EL Grieß
2 EL Margarine
1 l Wasser
Meersalz
2 Gemüsebrühwürfel
Kerbel
Petersilie, Schnittlauch oder Kerbel, fein geschnitten

Zubereitung: Grieß in Margarine anschwitzen, mit kochendem Wasser ablöschen, salzen, Gemüsewürfel dazugeben, kurze Zeit kochen lassen; vor dem Anrichten Petersilie, Schnittlauch oder Kerbel darüberstreuen.

Tip: Man kann die Suppe mit einem Dotter legieren.

Zubereitungszeit: ca. 15 Minuten

Gurkensuppe

E + K

Zutaten:
1 mittelgroße Gurke
1/2 l Wasser
Meersalz
2 Knoblauchzehen, fein zerdrückt
Dille, Borretsch, fein gehackt
3 EL Sauerrahm
etwas Butter
1 Kartoffel, gekocht

Zubereitung: Gurke schälen oder ungeschält klein schneiden, in Wasser mit Meersalz und Knoblauch weich kochen; im Mixer pürieren, Dillkraut und Borretsch, Sauerrahm und Butter dazugeben (Eiweiß). Will man die Suppe dicker haben, kann man eine gekochte Kartoffel mitmixen, dann aber nicht vor einer Eiweißmahlzeit servieren (Kohlehydrate).

Zubereitungszeit: ca. 20 Minuten

Gurkensuppe (kalt)

N

Zutaten:
2 größere Gurken
einige Schalottenzwiebeln
2 große Knoblauchzehen
1 EL Apfelessig
Meersalz
1/8 l Schlagobers oder
1/4 l Kaffeeobers
1 l kalte Gemüsebrühe
1 Kl Sonnenblumenöl
Dille, fein gehackt

Zubereitung: Die Gurken werden geschält, der Länge nach halbiert, mit einem Löffel entkernt und in Würfel geschnitten. Die Schalotten fein hacken, den Knoblauch durch die Presse drücken. Beides im Öl glasig dünsten, mit der Gemüsebrühe, dem Essig und den Gurkenwürfeln im Mixer pürieren und mit Meersalz abschmecken; zugedeckt für einige Stunden in den Kühlschrank stellen. Vor dem Anrichten rührt man das Schlagobers oder Kaffeeobers dazu, füllt die Suppe in Tassen oder Teller und bestreut sie mit Dille.

Zubereitungszeit: ca. 30 Minuten

Haferflockensuppe

K

Zutaten:
Haferflocken
Margarine
Wasser
Meersalz
etwas Sauerrahm
Schnittlauch oder Petersilie, fein gehackt

Zubereitung: Haferflocken werden in etwas Margarine ganz leicht angedünstet, mit kochendem Wasser aufgegossen, gesalzen und einige Minuten gut durchgekocht; vor dem Anrichten kann man die Suppe mit Sauerrahm verbessern und mit Schnittlauch oder grüner Petersilie bestreuen.

Tip: Dieses Rezept kann auch mit anderen Getreideflocken zubereitet werden.

Zubereitungszeit: ca. 15 Minuten

Kalbsknochensuppe

E

Zutaten:
500 g Fleischknochen vom Kalb
Wurzelwerk
Lorbeerblatt
einige Wacholderbeeren
Schnittlauch oder Petersilie, fein gehackt
Meersalz

Zubereitung: Kalbsknochen kocht man mit Wurzelwerk, Lorbeerblatt, Salz und einigen Wacholderbeeren, bis das Fleisch weich ist; die Suppe abseihen, das Wurzelwerk und das von den Knochen gelöste Fleisch nudelig schneiden und in die Suppe geben; reichlich mit Schnittlauch oder grüner Petersilie bestreuen.

Tip: Als Einlage kann man Frittaten oder Eingetropftes (Eiweiß) geben.

Zubereitungszeit: ca. 40–45 Minuten

Karfiolsuppe [K]

Zutaten:
1 Karfiol
2 EL Vollweizenmehl
etwas Margarine
1 Gemüsebrühwürfel
1 Dotter
etwas Sauerrahm
Kräuter nach Belieben, gehackt
Meersalz

Zubereitung: Karfiol in kleine Röschen teilen, in Salzwasser weich kochen; Mehl in Margarine andünsten, mit dem Kochwasser aufgießen, Gemüsebrühwürfel und Karfiolröschen beifügen; mit Dotter legieren, Sauerrahm dazugeben, mit Kräutern bestreuen.

Tip: Für Karfiolcremesuppe passiert man das Ganze.

Zubereitungszeit: ca. 30 Minuten

Karottensuppe, italienisch [K]

Zutaten:
500 g Karotten
Meersalz
1 EL Vollkornmehl
1 l Gemüsebrühe
1 Dotter
3–4 EL Sauerrahm
Petersilie, fein gehackt

Zubereitung: Geputzte Karotten klein schneiden, in wenig Wasser dünsten, salzen, Mehl dazugeben, mit Gemüsebrühe aufgießen und weich kochen lassen; in einer Suppenschüssel Dotter mit Sauerrahm versprudeln und die Suppe unter ständigem Rühren langsam dazugeben; mit Petersilie bestreuen.

Zubereitungszeit: ca. 25 Minuten

Käsecremesuppe [K]

Zutaten:
4 Eckerl Zwiebelrahmkäse
1 mittlere Zwiebel
30 g Butter oder Margarine
1 EL Vollkornmehl
1,5 l Gemüsebrühe
1/8 l Obers
Schnittlauch, fein gehackt
Meersalz

Zubereitung: Die feingeschnittene Zwiebel in Butter glasig dünsten; zerdrückten Käse, Prise Salz nach Geschmack und Mehl dazugeben, mit Gemüsebrühe aufgießen und einige Minuten kochen lassen. Schließlich Obers zugeben und mit Schnittlauch bestreuen.

Tip: In Butter geröstete Vollkornbrotschnitten dazu servieren. Vor dem Rösten kann man auf die Brotschnitten auch etwas zerdrückten Knoblauch streichen.

Zubereitungszeit: ca. 15 Minuten

Knoblauchsuppe mit Rahm

E + K

Zutaten:

4 große Knoblauchzehen
4 Schalotten
30 g Butter oder Margarine
1/16 l Weißwein
1 l Gemüsebrühe
Meersalz
1/4 l Sauerrahm
Dille oder Petersilie, fein gehackt

Zubereitung: Schalotten und Knoblauch fein hacken, in Butter oder Margarine glasig dünsten, mit Wein ablöschen, mit Gemüsebrühe aufgießen. Ca. 10 Minuten kochen lassen, Butter beigeben, salzen, im Mixer pürieren, mit Dille oder Petersilie bestreuen.

Tip: Man kann in Butter geröstete Vollkornwürferln dazugeben.

Zubereitungszeit: ca. 20 Minuten

Kümmel- oder Einbrennsuppe

K

Zutaten:

Margarine oder Butter
1 EL Vollkornmehl
1 KL Kümmel
Meersalz
Petersilie, fein gehackt
1 KL Sauerrahm

Zubereitung: Mehl in Margarine oder Butter mit Kümmel andünsten, mit Wasser aufgießen, salzen, aufkochen lassen; mit Petersilie und Sauerrahm verbessern.

Tip: Wer den Kümmel nicht will, kann die Suppe seihen; gehaltvoller ist sie jedoch ungeseiht.

Zubereitungszeit: ca. 20 Minuten

Panadelsuppe

K

Zutaten:

altbackenes Brot
Gemüsebrühe
1–2 Dotter
Schnittlauch, fein geschnitten
evtl. Meersalz

Zubereitung: Brot wird geschnitten und mit Gemüsebrühe gut gekocht; hat sich das Brot zerkocht, wird die Suppe gut versprudelt, evtl. Prise Salz, mit Dottern legiert und mit Schnittlauch bestreut serviert.

Tip: Zur Panadelsuppe verwendet man gewöhnlich Weißbrot, sie schmeckt aber auch sehr gut mit Vollkornbrot oder Germgebäck.

Zubereitungszeit: ca. 20 Minuten

Paradeissuppe (gekocht) [E]

Zutaten:
Paradeiser
Meersalz
Thymian
Rosenpaprika
Sojamehl

Zubereitung: Paradeiser (frisch, eingekocht oder tiefgekühlt) pürieren, aufkochen lassen und mit Salz, Thymian und etwas Rosenpaprika würzen. Eventuell mit etwas Sojamehl, das mit Wasser angerührt wurde, eindicken.

Zubereitungszeit: ca. 15–20 Minuten

Paradeissuppe (roh) [E]+[K]

Zutaten:
vollreife Paradeiser
Meersalz
Petersilie, fein gehackt
etwas Basilikum
etwas Paprikawürze

Zubereitung: Paradeiser waschen und im Mixer pürieren; mit Meersalz, Petersilie und Basilikum abschmecken, eventuell mit etwas Wasser verdünnen; man kann auch etwas Paprikawürze dazugeben (Eiweiß).

Anmerkung: Diese Suppe ist ein hervorragender Durstlöscher.

Zubereitungszeit: ca. 15 Minuten

Paradeissuppe (roh) mit Joghurt [E]+[K]

Zutaten:
500 g Paradeiser
2 Becher Joghurt oder Bioghurt
1/4 l Milch
2 Becher Sauerrahm
1 Becher Mineralwasser
Meersalz
Petersilie und Basilikum, fein gehackt
etwas Schlagobers

Zubereitung: Frische Paradeiser im Mixer pürieren, mit Joghurt oder Bioghurt und Milch (Eiweiß) oder mit Sauerrahm und Mineralwasser verrühren, mit Meersalz abschmecken und kalt stellen; vor dem Servieren mit Petersilie und Basilikum bestreuen, mit einem Tupfen Schlagobers verzieren.

Zubereitungszeit: ca. 15 Minuten

Porreesuppe

K

Zutaten:
1 Porreestange
1/4 l Wasser
Meersalz
etwas Vollkornmehl oder
1 Kartoffel
Dille, fein gehackt
etwas Butter
etwas Sauerrahm
oder Obers

Zubereitung: Porreestange putzen, gut waschen, in Ringe schneiden und in Salzwasser weich kochen; Suppe entweder mit Mehl stauben oder Kartoffel hineinreiben; mit Dille und Butter abschmecken, mit einem Tupfen Sauerrahm verzieren.

Tip: Man kann die Suppe auch passieren, sie schmeckt dann sämiger.

Zubereitungszeit: ca. 20 Minuten

Rahmsuppe

K

Zutaten:
1 l Wasser
Meersalz
Kümmel
1/8 l Sauerrahm
4 EL Vollkornmehl

Zubereitung: Wasser mit Salz und Kümmel zum Kochen bringen; Sauerrahm mit Mehl verrühren, in das kochende Wasser sprudeln und einige Minuten kochen lassen; will man den Kümmel nicht mitessen, die Suppe seihen, gehaltvoller ist sie jedoch ungeseiht.

Tip: Mit Vollkornbrot, mit in der Schale gekochten Kartoffeln oder Folienkartoffeln ergibt die Suppe ein ausgiebiges Abendessen.

Zubereitungszeit: ca. 20 Minuten

Reisschleimsuppe

K

Zutaten:
1 l Wasser
4–5 EL Vollreis
Meersalz
etwas Butter
Petersilie oder andere
Kräuter, fein gehackt

Zubereitung: Für diese magenschonende Suppe kocht man Reis in mildem Salzwasser weich; am besten kocht man den Reis einige Stunden vor Bedarf und gibt ihn zum Ausdünsten in ein Thermosgefäß. Wird die Suppe nicht nur als Gesundmacher benötigt, gibt man vor dem Servieren ein Stückchen Butter dazu und bestreut sie mit Petersilie und anderen Kräutern.

Zubereitungszeit: ca. 30 Minuten

Reissuppe nach Bauernart [K]

<u>Zutaten:</u>
1 l Wasser
4–5 EL Vollreis
Meersalz
1 Karotte, ein Stück Sellerie, Petersilienwurzel, klein geschnitten
1 Dotter
2 EL Obers
Schnittlauch, fein geschn.

<u>Zubereitung:</u> Reis mit Karotte, Sellerie und Petersilienwurzel in mildem Salzwasser weich kochen; wenn alles weich ist, verrührt man Dotter und Obers in einem Gefäß, gießt die heiße Suppe darüber und bestreut sie mit viel Schnittlauch.

<u>Zubereitungszeit:</u> ca. 30 Minuten

Spargelcremesuppe [K]

<u>Zutaten:</u>
1 Bund Spargel
Margarine
1 EL Mehl
Muskatnuß, abgerieben
1 Dotter, hart gekocht, gehackt
Schnittlauch, fein geschnitten
Petersilie, fein gehackt
Meersalz

<u>Zubereitung:</u> Spargel waschen, schälen, in Stücke schneiden, in Salzwasser kochen und passieren; aus Margarine und Mehl eine leichte Einmach bereiten, mit dem Spargelwasser aufkochen, mit Muskatnuß abschmecken; einige vor dem Passieren zurückbehaltene Spargelköpfchen dazugeben und mit Eidotter, Schnittlauch und Petersilie bestreut servieren.

<u>Tip:</u> Man kann dazu billigeren Spargel oder – falls man die Köpfe anderweitig verwenden will – die weniger zarten unteren Teile verwenden.

<u>Zubereitungszeit:</u> ca. 30 Minuten

Zucchini- oder Kürbissuppe [K]

<u>Zutaten:</u>
500 g Zucchini oder Kürbis
250 g Kartoffeln
1 l Gemüsebrühe
Meersalz
1 EL Sauerrahm
Dille, fein gehackt

<u>Zubereitung:</u> Gemüse und Kartoffeln grob raffeln, in Gemüsebrühe weich kochen, mit Salz abschmecken. Vor dem Servieren Sauerrahm zugeben, mit Dille bestreuen.

<u>Tip:</u> Für diese Suppe kann man auch größere Zucchini oder Kürbisse verwenden.

<u>Zubereitungszeit:</u> ca. 25 Minuten

GEMÜSE

Am besten verwendet man Gemüse aus dem eigenen Garten oder frisch vom Bauern, möglichst von naturgedüngtem Boden. Man sollte immer darauf achten, daß grünes Gemüse nicht welk ist, daß der Karfiol fest und weiß ist, daß Rüben, Radieschen usw. knackig hart sind, um möglichst viele Vitamine zu erhalten.
Das Gemüse soll in ganz wenig Wasser im Dampf nicht zu lange kochen, das Gemüsewasser sollte für verschiedene Suppen und andere Gerichte verwendet werden. Einbrennen ist weitgehend zu vermeiden, das Gemüse sollte möglichst natur serviert werden. Fett gibt man am besten erst am Ende der Kochzeit dazu, so ist das Gemüse am gesündesten und wird am leichtesten verdaut.

Broccoli

N

Zutaten:
Broccoli
Meersalz
Butter

Zubereitung: Broccoli werden über Dampf vorsichtig weich gekocht, gesalzen, mit zerlassener Butter übergossen.

Tip: Kann als Beilage zu Kartoffeln, Reis oder einer Sojamahlzeit gereicht werden.

Zubereitungszeit: ca. 15 Minuten

Chinakohlgemüse

K

Zutaten:
1 Chinakohl
Meersalz
Kümmel
Margarine
Vollweizenmehl
1 EL Sauerrahm

Zubereitung: Den Chinakohl der Länge nach halbieren, gut waschen und den Strunk herausschneiden; dann in Streifen schneiden, in wenig kochendes Salzwasser legen, Kümmel dazugeben und weich kochen lassen; eine lichte Einmach aus Margarine und Vollweizenmehl zubereiten, zum Gemüse geben, aufkochen lassen und vor dem Servieren mit 1 EL Sauerrahm vermischen.

Zubereitungszeit: ca. 20 Minuten

Fisolengulasch

K

Zutaten:
1 kg Fisolen
2 Zwiebeln, gehackt
1 EL Öl
Gemüsebrühe
1 KL Meersalz
2 KL Paprika
2 Knoblauchzehen, zerdrückt
etwas Majoran
etwas Bohnenkraut
1 Kartoffel
1/8 l Sauerrahm

Zubereitung: Fisolen putzen, waschen, in Stücke schneiden. Zwiebel in Öl andünsten. Beides mit Salz, Paprika, Knoblauch, Majoran und Bohnenkraut in der nötigen Menge Gemüsebrühe weich kochen. Die Kartoffel in die kochende Speise reiben, noch etwas verkochen lassen. Vor dem Servieren den Sauerrahm untermischen.

Zubereitungszeit: ca. 40 Minuten

Gemüsegulasch

E + K

Zutaten:
Kohlrabi
Sellerie
Karotten
Fisolen
Paprikaschoten
Stück Kürbis
Petersilie, Sellerieblätter, Thymian, Liebstöckel
Kümmel
Rosenpaprika
Meersalz
Zwiebeln, fein geschnitten
2 Knoblauchzehen, zerdrückt
Vollkornmehl
1 EL Sauerrahm

Zubereitung: Kohlrabi, Sellerie, Karotten, grüne oder gelbe Fisolen, Paprikaschoten und ein Stück Kürbis in kleine Stücke schneiden, feingehackte grüne Petersilie, Sellerieblätter, Thymian und Liebstöckel dazugeben, mit Kümmel, Rosenpaprika und Meersalz würzen und in wenig Wasser dünsten; Zwiebeln mitdünsten und vor dem Fertigkochen Knoblauch daruntermischen.
Man kann das Gulasch natur belassen (Eiweiß), aber auch mit Vollkornmehl stauben oder eine Kartoffel hineinreiben (Kohlehydrate); nochmals aufkochen und dann 1 EL Sauerrahm dazugeben.

Zubereitungszeit: ca. 50 Minuten

Gemüselaibchen [K]

<u>*Zutaten:*</u>
1 kleiner Kraut- oder Kohlkopf
3 mittelgroße Kartoffeln
2 Karotten
1 Zwiebel, gehackt
Petersilie, fein gehackt
1 Knoblauchzehe, zerdrückt
1 KL Meersalz
2 EL Mehl oder Brösel
kaltgepreßtes Öl zum Braten

<u>*Zubereitung:*</u> Kraut- oder Kohlkopf in einige Stücke teilen, in Salzwasser kochen, anschließend grob hacken; Kartoffeln in der Schale kochen, schälen und reiben; Karotten fein raffeln, mit Zwiebel, Petersilie, Knoblauch und Salz gut vermischen, Laibchen formen, in Mehl oder Bröseln wälzen und im Öl auf beiden Seiten langsam braten.

<u>*Zubereitungszeit:*</u> ca. 45 Minuten

Gemüselaibchen mit Getreideflocken [K]

<u>*Zutaten:*</u>
1 kg Gemüse der Saison, z. B. Sellerie, Karotten, Kohl, Porree
100 g Dinkelflocken oder Haferflocken
50 g Dinkelmehl oder Vollweizenmehl
2 Dotter
Petersilie
Sellerieblätter
Kümmel, gemahlen
Meersalz
1 Zwiebel
Margarine oder Öl

<u>*Zubereitung:*</u> Gemüse fein reiben bzw. schneiden, alle Zutaten zusammenmischen. Kurz stehen lassen. Ist die Masse zu weich, kann man noch etwas Mehl oder Flocken dazugeben. Das Backblech mit Öl oder Margarine bestreichen. Von der Masse Laibchen formen und aufs Blech legen.

<u>*Tip:*</u> Man kann die Laibchen mit geriebenem Käse oder Sesam bestreuen. Dazu passen verschiedene Soßen oder Salate.

<u>*Zubereitungszeit:*</u> ca. 50 Minuten

Gemüse mit Weizen im Römertopf

K

Zutaten:
Gemüse der Saison
Meersalz
Petersilie, Kerbel, Bohnenkraut,
fein gehackt
Weizen
1 Dotter
Sauerrahm
Muskatnuß, Thymian oder Majoran nach Geschmack

Zubereitung: Den Römertopf ca. 30 Minuten in kaltes Wasser legen, dann gibt man eine Lage verschiedenes kleingeschnittenes Gemüse hinein, salzt und streut Petersilie, Kerbel, Bohnenkraut oder andere Gewürze darüber; den Weizen (es kann auch Gerste oder Buchweizen sein) kocht man in Salzwasser weich und gibt eine Lage über das Gemüse, darauf kommt wieder Gemüse und Getreide; Dotter versprudelt man mit Sauerrahm – nach Geschmack etwas Muskatnuß, Thymian oder Majoran dazugeben –, gießt diese Mischung darüber und läßt das Ganze ca. 20 Minuten im Rohr dünsten.

Zubereitungszeit: ca. 60 Minuten

Gemüsepfanne mit Schafkäse

E

Zutaten:
1 Melanzani
Meersalz
2 Zwiebeln
1 gelber, 1 grüner und 1 roter Paprika
Margarine
einige kleinere Paradeiser
2 Eier
4 EL Sauerrahm
200 g Schafkäse
Schnittlauch, fein geschnitten

Zubereitung: Melanzani in Scheiben schneiden, mit Meersalz bestreuen und 15 Minuten stehen lassen; Zwiebeln in Scheiben, Paprika nudelig schneiden; Melanzani, Zwiebeln und Paprika 10–15 Minuten in Margarine dünsten, dann geviertelte Paradeiser zugeben, kurz mitdünsten; Eier und Sauerrahm mit etwas Meersalz abschlagen, über das Gemüse gießen, mit zerbröseltem Schafkäse bestreuen, im Rohr ca. 20 Minuten stocken lassen; vor dem Servieren mit Schnittlauch bestreuen.

Zubereitungszeit: ca. 60 Minuten

Karfiol

N

Zutaten:
1 Karfiol
Meersalz
Butter
Petersilie, fein gehackt

Zubereitung: Karfiol ca. 30 Minuten in Salzwasser legen, dann in wenig Salzwasser dämpfen (am besten in einem Dampfeinsatz); vorsichtig herausheben und auf eine Platte geben; mit zerlassener Butter und Petersilie (oder mit geriebenem Bergkäse) bestreuen.

Zubereitungszeit: ca. 25 Minuten

Karfiolauflauf

E

Zutaten:
1 Karfiol
Meersalz
Margarine
250 g Faschiertes
Petersilie, Basilikum oder Pimpernelle, fein gehackt
2 Dotter
1/4 l Sauerrahm
Reibkäse

Zubereitung: Karfiol in wenig Salzwasser dämpfen; feuerfeste Form mit Margarine ausfetten, Karfiol in Röschen teilen und eine Lage davon in die Form geben, Faschiertes darüber verteilen, mit Kräutern bestreuen und obenauf wieder Karfiol schichten; Dotter mit Sauerrahm versprudeln, über den Karfiol gießen, mit Reibkäse bestreuen und ca. 20 Minuten im Rohr überbacken.

Zubereitungszeit: ca. 50 Minuten

Karfiol, eingemacht

K

Zutaten:
1 Karfiol
Meersalz
Margarine
Vollkornmehl
1 EL Sauerrahm
Petersilie, fein gehackt

Zubereitung: Karfiol in wenig Salzwasser dämpfen; Mehl in Margarine anschwitzen, mit dem Karfiolsud aufgießen, den in Röschen zerteilten Karfiol in die Einmachsoße geben; vor dem Servieren mit Sauerrahm und Petersilie vermengen.

Zubereitungszeit: ca. 35 Minuten

Karfiol, gratiniert

K

Zutaten:
1 Karfiol
Meersalz
Margarine
Vollweizenmehl
Mineralwasser
3–4 EL Sauerrahm
1 Dotter
Bergkäse, gerieben
Muskatnuß
Butter
Vollkornbrösel

Zubereitung: Karfiol in Salzwasser ca. 30 Minuten auswässern und in wenig Salzwasser weich kochen oder dämpfen; Mehl in Margarine leicht andünsten, mit Mineralwasser und Sauerrahm aufgießen, salzen, Dotter, geriebenen Käse und Muskatnuß einrühren; Karfiol in eine feuerfeste Form geben, Mischung darübergießen, mit Butterflocken und Bröseln bestreuen und kurz im Rohr überbacken.

Zubereitungszeit: ca. 50 Minuten

Karfiol mit Bröseln

K

Zutaten:
1 großer Karfiol
Salzwasser (Meersalz)
Butter oder Margarine
Brösel

Zubereitung: Den Strunk schneidet man kreuzweise ein, damit er gleichzeitig mit dem anderen Teil weich wird, und kocht die Rose in einem Dunsteinsatz mit wenig Wasser weich. Inzwischen dünstet man Vollkornbrösel in Butter oder Margarine an, legt den Karfiol auf eine erwärmte Platte und streut die Brösel darüber.

Zubereitungszeit: ca. 30 Minuten

Karotten, gedünstet

E + K

Zutaten:
Karotten
Meersalz
Kümmel
Petersilie, Kerbel oder Basilikum, fein gehackt

Zubereitung: Karotten würfelig oder nudelig schneiden, in mit Salz und Kümmel versetztem Wasser dämpfen (Wasser soll ziemlich einkochen); vor dem Servieren Karotten mit Petersilie, Kerbel oder Basilikum bestreuen.

Tip: Man kann auch etwas Butter oder Obers unter die Karotten mengen.

Zubereitungszeit: ca. 20 Minuten

Kochsalat mit Erbsen

K

Zutaten:
Kochsalat
Meersalz
Zwiebel, gehackt
Margarine
Vollkornmehl
150 g Erbsen, frisch oder tiefgekühlt
Muskatnuß
1 Knoblauchzehe, zerdrückt
1 EL Sauerrahm

Zubereitung: Kochsalat putzen, waschen, in kochendem Salzwasser weich kochen, abseihen und hacken (nicht passieren); Zwiebel in Margarine andünsten, Mehl zugeben, leicht anschwitzen, mit Kochsud aufgießen; Erbsen dazugeben, mit Muskatnuß und Knoblauch abschmecken, kurz aufkochen lassen, vor dem Servieren mit Sauerrahm legieren.

Tip: Man kann für Kochsalat auch die äußeren Blätter eines Kopfsalats, die für frischen Salat nicht schön genug sind, verwenden.

Zubereitungszeit: ca. 35 Minuten

Kohleintopf

K

Zutaten:
1 Kohlkopf
Meersalz
Kartoffeln
Kümmel
Bibernelle, klein gehackt
Sauerrahm
Vollkornmehl
Butter oder Margarine

Zubereitung: Kohl waschen, nudelig schneiden und in Salzwasser kochen, würfelig geschnittene Kartoffeln, Kümmel und Bibernelle mitkochen; ist das Gemüse fast weich, Sauerrahm mit Mehl abrühren, zum Gemüse geben und alles gut kochen lassen; vor dem Anrichten ein Stück Butter oder Margarine zugeben.

Zubereitungszeit: ca. 40 Minuten

Kohllaibchen

K

Zutaten:
1 Kohlkopf
Kartoffeln, gekocht
Zwiebel, fein gehackt
Meersalz
1 Knoblauchzehe, zerdrückt
Petersilie, fein gehackt
1 Dotter

Zubereitung: Kohl waschen, grob hacken und im Dampf nicht zu weich kochen; geschälte Kartoffeln durch die Presse drücken, mit Zwiebel, Meersalz, Knoblauch, Petersilie und Dotter gut vermengen, Laibchen formen und im Rohr in gefetteter Pfanne backen.

Zubereitungszeit: ca. 50 Minuten

Kohlrabigemüse

K

Zutaten:
2 große oder 3 kleine Kohlrabi
Meersalz
1 Zwiebel, fein gehackt
Pfefferminze, Gartenkresse oder Kerbel, fein gehackt
Kohlrabiblätter
Muskatnuß
1 Blatt Liebstöckel
gekörnte Gemüsebrühe
etwas Butter

Zubereitung: Kohlrabi schälen, würfelig schneiden und in wenig Salzwasser weich dünsten; nach halber Kochzeit Zwiebel, Pfefferminze, Gartenkresse oder Kerbel, die kleinen Kohlrabiblätter, etwas Muskatnuß und Liebstöckel dazugeben und fertig dünsten; vor dem Anrichten Gemüsebrühe und ein Stückchen Butter dazugeben.

Zubereitungszeit: ca. 30 Minuten

Kohlrouladen

K

Zutaten:
Kohlblätter
Naturreis, gekocht
Erbsen, frisch oder tiefgekühlt
Meersalz
Majoran
Gemüsebrühe
Sojasoße
etwas Sauerrahm

Zubereitung: Kohlblätter blanchieren und die Rippen mit dem Fleischklopfer weichklopfen; für die Fülle Naturreis mit Erbsen, etwas Salz und Majoran mischen; die Blätter damit füllen, einrollen und in eine gefettete Pfanne legen; Gemüsebrühe mit Sojasoße abschmecken, darübergeben und langsam dünsten; vor dem Servieren auf jede Rolle etwas Sauerrahm geben.

Anmerkung: Für eine Eiweißmahlzeit kann man Kohlrouladen auch nach dem Rezept „Krautrouladen“ (S. 65) zubereiten.

Zubereitungszeit: ca. 50 Minuten

Krautauflauf Linzer Art

E

Zutaten:

1 kleiner Krautkopf
1 große Zwiebel
250 g Faschiertes
grüne Paprikaschote
wenig Pfefferoni
Meersalz
2 Knoblauchzehen
Rosenpaprika
1 Tasse Gemüsebrühe
Petersilie, fein gehackt
1 Ei
1/8 l Sauerrahm
Käse nach Wahl, gerieben

Zubereitung: Krautkopf nudelig schneiden; Zwiebel grob hacken und glasig dünsten; Faschiertes (Rind- und Kalbfleisch oder auch Hühner- oder Lammfleisch), grünen Paprika, ganz wenig Pfefferoni, Meersalz und zerdrückten Knoblauch kurz durchrösten; das Kraut, Rosenpaprika, Gemüsebrühe und Petersilie dazumischen und so lange dünsten, bis die Flüssigkeit verflüchtigt ist; in eine gefettete feuerfeste Form geben; Ei mit Sauerrahm absprudeln, darübergießen, mit Reibkäse bestreuen und ca. 30 Minuten im Rohr backen.

Zubereitungszeit: ca. 60 Minuten

Krautrouladen

E

Zutaten:

Krautblätter
Sojabohnensprossen
Faschiertes
1 Ei
Zwiebel, gehackt
Meersalz
Gemüsebrühe
Sojasoße

Zubereitung: Krautblätter blanchieren; für die Fülle Sojabohnen, Faschiertes, Ei, Zwiebel und Meersalz mischen; die Blätter damit füllen, einrollen und in eine gefettete Pfanne legen; Gemüsebrühe mit Sojasoße abschmecken, darübergeben und langsam dünsten.

Anmerkung: Für eine Kohlehydratmahlzeit können Krautrouladen auch nach dem Rezept „Kohlrouladen" (S. 64) zubereitet werden.

Zubereitungszeit: ca. 50 Minuten

Kürbisgemüse

K

Zutaten:
1 Speisekürbis
kaltgepreßtes Öl
Meersalz
Kümmel
Vollkornmehl
Sauerrahm
Dille, fein gehackt
1 Knoblauchzehe, zerdrückt

Zubereitung: Speisekürbis schälen, das weiche Innere mit einem Löffel herauskratzen (bei ganz jungen Kürbissen kann man das Innere mit verwenden); das Feste nudelig raffeln und in Öl dünsten oder in ganz wenig Wasser – der Kürbis enthält selbst viel Flüssigkeit –, Meersalz und Kümmel weich dünsten; Vollkornmehl mit Sauerrahm vermischen, einrühren und noch kurz aufkochen; vor dem Servieren Dille daruntermengen und Knoblauch dazugeben.

Zubereitungszeit: ca. 40 Minuten

Kürbis, gratiniert

K

Zutaten:
1 mittelgroßer Speisekürbis
Vollkornmehl
6 große Knoblauchzehen, zerdrückt
Petersilie oder Dille, fein gehackt
Meersalz
Butter oder Margarine

Zubereitung: Kürbis schälen, entkernen, in kleine Würfel schneiden und in Vollkornmehl wenden; eine feuerfeste Form gut ausfetten und den Kürbis hineingeben; Knoblauch, Petersilie oder Dille über den Kürbis streuen, salzen und Butter- oder Margarineflöckchen darübergeben; im Rohr bei mittlerer Hitze backen (keine Flüssigkeit zugeben, der Kürbis beinhaltet genug!).

Zubereitungszeit: ca. 50 Minuten

Letscho

E

Zutaten:
Zwiebel
Paprikaschoten
kaltgepreßtes Öl
Paradeiser
Basilikum
Kerbel
1 EL Sauerrahm
Meersalz

Zubereitung: Kleingehackte Zwiebel und nudelig geschnittene Paprikaschoten in etwas Öl andünsten, geschnittene Paradeiser, frisches oder getrocknetes Basilikum und Kerbel dazugeben, salzen und weich dünsten; zuletzt kommt noch Sauerrahm darüber.

Zubereitungszeit: ca. 35 Minuten

Melanzani

N

Zutaten:
Melanzani
kaltgepreßtes Öl
Zitronenmelisse
Petersilie
Majoran
Thymian
Meersalz
Sauerrahm
Dille, gehackt

Zubereitung: Melanzani schälen, in Würfel schneiden und mit Öl, frischer Zitronenmelisse, Petersilie, Majoran, Thymian und Meersalz weich dünsten; vor dem Servieren Sauerrahm und Dille darübergeben.

Zubereitungszeit: ca. 25 Minuten

Melanzani, gefüllt

E

Zutaten:
1/2 Melanzani pro Person
Faschiertes
1 Ei
Zwiebel, fein gehackt
Petersilie, fein gehackt
Rosmarin
1 Knoblauchzehe, zerdrückt
Meersalz
Majoran

Soße:
Zwiebel, fein geschnitten
1 EL Öl
Paradeiser
Meersalz
Basilikum
1 Knoblauchzehe, zerdrückt
Bergkäse, gerieben

Zubereitung: Melanzani waschen, der Länge nach halbieren und das Fruchtfleisch herausnehmen; faschiertes Rindfleisch (kann auch mit Kalbfleisch oder eingeweichter Soja gemischt sein) mit dem angedünsteten Fruchtfleisch vermengen, mit Ei, Zwiebel, Petersilie, Rosmarin, Knoblauch, Salz und Majoran gut vermischen und in die Frucht füllen; diese in eine feuerfeste Form legen und mit folgender Soße übergießen: Zwiebel leicht in Öl andünsten, mit zerkleinerten, geschälten Paradeisern, Salz, Basilikum und Knoblauch vermischen, über die Melanzani gießen, mit Bergkäse bestreuen und zugedeckt ca. 60 Minuten im Rohr braten.

Zubereitungszeit: ca. 90 Minuten

Paprika, gedünstet

N

<u>*Zutaten:*</u>
grüner, roter, gelber Paprika
Margarine
Meersalz

<u>Zubereitung:</u> Grünen, roten und gelben Paprika wäscht man, schabt die Kerne heraus, schneidet die Schoten nudelig und dünstet sie in erwärmter Margarine und etwas Meersalz weich; man kann sie zu verschiedenem Gemüse, zu Reis, Hirse, Polenta usw. servieren.

<u>Zubereitungszeit:</u> ca. 15 Minuten

Paprika, gefüllt, ohne Fleisch

E

<u>*Zutaten:*</u>
4 große Paprika
150 g Champignons
150 g Karotten
1 große Zwiebel
1 EL Öl
2 Tassen Vollreis, gedünstet
4 EL trockener Topfen
2 EL Hartkäse (60% i. Tr.), gerieben
Petersilie
Kräuter der Saison
1 Knoblauchzehe, zerdrückt
etwas Gemüsebrühe
etwas Butter

<u>Zubereitung:</u> Für die Fülle Champignons blättrig schneiden; Karotten und Zwiebel klein schneiden und im Öl dünsten; die restlichen Zutaten untermischen. Paprika aushöhlen, füllen, in eine feuerfeste Form schlichten, etwas Gemüsebrühe und ein kleines Stückchen Butter dazugeben und im Rohr dünsten.

<u>Anmerkung:</u> Da die Paprika in der Fülle Reis enthalten, dessen Kohlehydrat sich mit der Säure der gekochten Paradeiser schlecht verträgt, reicht man keine Paradeissoße dazu.

<u>Zubereitungszeit:</u> ca. 40–45 Minuten

Paradeiser, gebraten

E

<u>*Zutaten:*</u>
Paradeiser
kaltgepreßtes Öl
Meersalz
Petersilie oder Kerbel, fein gehackt

<u>Zubereitung:</u> Feste, reife Paradeiser quer halbieren, salzen, in erwärmtem Öl zuerst auf der Schnittseite und dann auf der anderen Seite nur einige Minuten dünsten, bis sie gut weich sind; mit Petersilie oder Kerbel bestreut servieren.

<u>Zubereitungszeit:</u> ca. 10 Minuten

Paradeiser mit Kerbelfüllung

N

Zutaten:
Paradeiser
Obers, steif geschlagen
Kerbel, fein gehackt
Meersalz

Zubereitung: Von Paradeisern die Kappen abschneiden und aushöhlen; Schlagobers mit Kerbel und etwas Meersalz leicht vermischen und die Paradeiser damit füllen; setzt man die Kappe auf und gibt Schlagoberstupfen darauf, hat man Schwammerln zum Garnieren.

Zubereitungszeit: ca. 10 Minuten

Porreegemüse

K

Zutaten:
Porree
kaltgepreßtes Öl
Gemüsebrühe
Meersalz
Vollkornmehl
1 Knoblauchzehe, zerdrückt
1–2 EL Sauerrahm

Zubereitung: Porree gut waschen, in feine Ringe schneiden, in etwas Öl andünsten und mit Gemüsebrühe aufgießen, mit Meersalz abschmecken, weich dünsten; mit wenig Mehl stauben, aufkochen lassen, Knoblauch beifügen und vor dem Servieren mit Sauerrahm verfeinern.

Zubereitungszeit: ca. 25 Minuten

Porree, mit Käse überbacken

N

Zutaten:
Porree
Meersalz
Vollrahmkäse
2–3 EL Sauerrahm
Kräuter nach Belieben, fein gehackt
1 Dotter

Zubereitung: Dicke Porreestangen gut waschen, der Länge nach in die Hälfte schneiden und in wenig Salzwasser weich kochen; in fingerlange Stücke schneiden, in eine feuerfeste Form legen, mit Vollrahmkäse belegen und im Rohr backen, bis der Käse schmilzt; die Brühe vom Kochen mit Sauerrahm, Kerbel, Basilikum oder anderen Kräutern vermischen, mit Meersalz abschmecken, mit Dotter legieren und zum Gemüse reichen.

Zubereitungszeit: ca. 40 Minuten

Sauerkraut

N

Zutaten:
Sauerkraut
Zwiebel, fein gehackt
Margarine
Sauerrahm

Zubereitung: Sauerkraut in wenig Wasser weich dünsten, etwas feingehackte Zwiebel in Margarine leicht andünsten, in das Kraut mischen und mit einem Tupfen Sauerrahm verzieren.

Zubereitungszeit: ca. 20 Minuten

Sauerkraut, überbacken

E

Zutaten:
Sauerkraut
Faschiertes
Petersilie, Thymian oder Majoran
etwas Pfefferoni
Paradeiser
Butter

Zubereitung: In eine ausgefettete, feuerfeste Form gibt man eine Lage Sauerkraut, darauf Faschiertes, das mit Petersilie, Thymian oder Majoran und etwas Pfefferoni vermischt wird, schließt mit Sauerkraut ab, gibt in Scheiben geschnittene Paradeiser und Butterflocken darüber und überbackt die Speise im Rohr.

Zubereitungszeit: ca. 40 Minuten

Selleriepüree

K

Zutaten:
1 Sellerieknolle
Kartoffelpüree
Kräuter nach Belieben, fein gehackt
Meersalz

Zubereitung: Sellerie kochen, pürieren und mit der gleichen Menge Kartoffelpüree (Rezept S. 79), gehackten Sellerieblättern und anderen Kräutern flaumig schlagen, mit Salz abschmecken.

Tip: Dieses Rezept eignet sich auch für Kohlrabi.

Zubereitungszeit: ca. 30 Minuten

Sellerieschnitzel [K]

Zutaten:
1 große Sellerieknolle
Salzwasser
100 g Vollkornmehl
3 EL Sauerrahm
1 Dotter
3 EL Mineralwasser
1 Prise Muskatnuß
Meersalz
kaltgepreßtes Öl

Zubereitung: Sellerie waschen, schälen, in ca. 5 cm dicke Scheiben schneiden und in Salzwasser weich kochen, abseihen. Aus Mehl, Rahm, Dotter, Mineralwasser, Muskatnuß und Salz einen Palatschinkenteig bereiten. Die Scheiben eintauchen und in nicht zu heißem Öl auf beiden Seiten goldgelb braten.

Tip: Man kann die gekochten Sellerischeiben auch nur in Mehl wenden und braten. Zu beiden Arten reicht man grünen Salat, Chinakohl-, Vogerl- oder Paradeissalat.

Zubereitungszeit: ca. 45 Minuten

Spinat [K]

Zutaten:
Spinat, frisch oder tiefgekühlt
Zwiebel, fein gehackt
1 Knoblauchzehe, zerdrückt
Meersalz
Vollkornmehl
1–2 EL Sauerrahm

Zubereitung: Spinat mit glasig angedünsteter Zwiebel, Knoblauch, Meersalz und etwas Vollkornmehl im Mixer pürieren und kurz aufkochen lassen; zum Schluß mit Sauerrahm legieren.

Zubereitungszeit: ca. 10–15 Minuten

Spinat mit Brennesseln [K]

Zutaten:
Spinat
Brennesseln
Meersalz
Vollkornmehl
Margarine
1 Knoblauchzehe, zerdrückt
etwas Sauerrahm

Zubereitung: Spinat und junge Brennesseln in gleicher Menge in wenig Salzwasser weich kochen und pürieren; aus Vollkornmehl und Margarine eine lichte Einmach zubereiten, mit dem Sud aufgießen, das Püree dazugeben, mit Knoblauch, etwas Sauerrahm und einer Handvoll feinst gehackter Brennesseln abschmecken.

Zubereitungszeit: ca. 20 Minuten

Stangensellerie

N

Zutaten:
Stangensellerie
Meersalz
Margarine
Petersilie
1 EL Sauerrahm

Zubereitung: Stangensellerie, auch Bleichsellerie genannt, sehr gut waschen und in Salzwasser blanchieren (ca. 5 Minuten); das Wasser abgießen, die Stengel in ca. 10 cm lange Stücke schneiden, in Margarine mit feingehackter Petersilie und Sellerieblättern weich dünsten und mit Sauerrahm legieren.

Zubereitungszeit: ca. 20 Minuten

Winter-Vitamineintopf

K

Zutaten:
Sellerie
Karotten
Kohlrabi
Fisolen, tiefgekühlt
Erbsen, tiefgekühlt
Zwiebel
Blätter von Kohl, Chinakohl, Sellerie
Porree
Kartoffeln
Butter oder Sauerrahm
Kräuter nach Belieben, fein gehackt
Meersalz

Zubereitung: Sellerie, Karotten, Kohlrabi, Fisolen und Erbsen halb weich kochen, feingeschnittene Zwiebel, Kohl-, Chinakohl-, Sellerieblätter, Porreescheiben und würfelig geschnittene Kartoffeln dazugeben, salzen und fertig dünsten; etwas Butter oder Sauerrahm und Kräuter darübergeben.

Zubereitungszeit: ca. 40 Minuten

Zucchini, mit Faschiertem gefüllt

E

Zutaten:
1/2 mittelgroße Zucchini pro Person
Meersalz
Faschiertes
1 EL Sojagranulat
1 Ei
Petersilie, gehackt
Majoran
Schmelzkäse

Zubereitung: Zucchini einige Minuten in Salzwasser dämpfen, der Länge nach halbieren und aushöhlen; das ausgehöhlte Innere klein hacken, mit frisch faschiertem Rind- und Kalbfleisch, Sojagranulat (das ca. 10 Minuten in etwas heißem Wasser eingeweicht wurde) kurz dämpfen, mit Ei, Meersalz, Petersilie und Majoran gut vermischen und die Hälften damit füllen; mit Scheiben von Schmelzkäse belegen, in eine gefettete, feuerfeste Form geben und ca. 30–45 Minuten im Rohr backen; bei Bedarf etwas Wasser zugießen.

Zubereitungszeit: ca. 70 Minuten

Zucchini in Béchamel

K

Zutaten:
500 g kleine Zucchini
Meersalz
50 g Margarine
50 g Vollkornmehl
1/2 l Mineralwasser
2 EL Sauerrahm
2 Eckerln Vollrahmkäse

Zubereitung: Zucchini in Salzwasser weich kochen, der Länge nach halbieren und in eine passende feuerfeste Schüssel legen; aus Margarine und Mehl eine Einmach herstellen, mit Mineralwasser und Sauerrahm aufgießen, salzen, Vollrahmkäse darin auflösen, aufkochen, über die Zucchini gießen, noch einige Käseflocken darübergeben und im Rohr kurz gratinieren.

Zubereitungszeit: ca. 45 Minuten

KARTOFFELN

Die Kartoffel zählt zu den Kohlehydratträgern und wird bei strenger Trennkost auch nicht zu Eiweißmahlzeiten gegeben. Sie enthält aber auch Eiweiß, und es soll der Entscheidung des Arztes überlassen werden, ob er Kartoffeln – ausnahmsweise – zu Fleischmahlzeiten genehmigt.
Die Kartoffel wird in unserer Küche meist recht stiefmütterlich behandelt; sie ist außerdem als Dickmacher verschrien, allerdings ganz zu Unrecht, denn nur große Mengen machen dick. Es gibt so viele Möglichkeiten, dieses gesunde Volksnahrungsmittel (hoher Anteil an Vitamin C) auf den Tisch zu bringen, und dennoch werden die Kartoffeln fast immer nur auf eine Art zubereitet.
Auf jeden Fall soll man trachten, daß die Kartoffel mit der Schale im Dunst gekocht oder im Backrohr gebraten wird, damit alle wertvollen Stoffe erhalten bleiben.

Bircher-Benner-Kartoffeln [K]

Zutaten:
Kartoffeln
kaltgepreßtes Öl
Meersalz
Kümmel

Zubereitung: Kartoffeln gut waschen, abbürsten, trocknen und der Länge nach in die Hälfte schneiden; auf ein Backblech etwas Öl verteilen, die Kartoffeln mit Meersalz und Kümmel bestreuen, mit der Schnittfläche auf das Blech legen und im Rohr bei guter Hitze ca. 30 Minuten lang braten.

Zubereitungszeit: ca. 40 Minuten

Bratkartoffeln aus dem Rohr [K]

Zutaten:
Kartoffeln
Meersalz
Butter oder Topfenkäse

Zubereitung: Die Kartoffeln sehr gut waschen, denn sie werden mit der Schale gegessen. Wenn sie nicht zu groß sind, kann man sie ganz im Rohr braten. Dazu serviert man Salz, Butter oder Topfenkäse.

Zubereitungszeit: ca. 40 Minuten

Folienkartoffeln mit Kräuterbutter [K]

Zutaten:
Kartoffeln
Butter
Dille, Kerbel, Basilikum
oder
Petersilie, fein gehackt

Zubereitung: Kartoffeln gut waschen und abbürsten, trocknen, in Folie einwickeln und im Rohr ca. 30 Minuten braten; Folie öffnen, die Kartoffeln einschneiden, salzen, ein Stück Butter mit Dille, Kerbel, Basilikum oder Petersilie vermischen und etwas davon in jeden Einschnitt geben.

Tip: Man kann die Folienkartoffeln auch mit Knoblauchbutter servieren; dazu werden zwei große Knoblauchzehen mit Meersalz und Butter gut vermischt.

Zubereitungszeit: ca. 40 Minuten

Kartoffelgulasch [K]

Zutaten:
Kartoffeln
Gemüsebrühe
Meersalz
Zwiebel, gehackt
Lorbeerblatt
Majoran oder Thymian
Rosenpaprika
etwas Pfefferoni, gehackt
Vollkornmehl
Sauerrahm

Zubereitung: Kartoffeln schälen, in größere Würfel schneiden, in Gemüsebrühe mit Salz, Zwiebel, den Gewürzen und Pfefferoni weich kochen, abschmecken; man kann das Gulasch entweder natur servieren oder mit Mehl stauben, nochmals aufkochen und vor dem Anrichten etwas Sauerrahm daraufgeben.

Tip: Wer das Gulasch pikanter haben will, kann feingeschnittene süßsaure oder Essiggurkerln daruntermengen.

Zubereitungszeit: ca. 45 Minuten

Kartoffelkäse

K

Zutaten:
mehlige Kartoffeln
Zwiebel, fein gehackt
Meersalz
Hefeflocken
Sauerrahm
Kopf- oder Vogerlsalat

Zubereitung: Kartoffeln kochen, schälen, durch die Kartoffelpresse drücken, Zwiebel, Meersalz, Hefeflocken und so viel Sauerrahm zugeben, daß eine cremige Masse entsteht; mit der Schneerute schaumig schlagen. Dazu reicht man Kopf- oder Vogerlsalat.

Tip: Vor dem Servieren können feingehackte Kräuter nach Belieben daruntergemischt werden.

Zubereitungszeit: ca. 30 Minuten

Kartoffelkrapferln

K

Zutaten:
Kartoffeln
trockener Topfen
etwas Honig
Rosinen nach Belieben
Zitronenschale, abgerieben
Meersalz
Margarine oder Öl

Zubereitung: Kartoffeln kochen, schälen, grob raffeln, mit der gleichen Menge trokkenem Topfen, Honig, Rosinen, Zitronenschale und Meersalz gut vermischen, kleine Krapferln formen und in Margarine oder Öl herausbacken (oder auch im Rohr auf dem Backblech backen).

Tip: Dazu reicht man Heidelbeerkompott oder ein Kompott von Dörrzwetschken oder getrockneten Marillen.

Zubereitungszeit: ca. 60 Minuten

Kartoffeln, geröstet

K

Zutaten:
Kartoffeln
Butter oder kaltgepreßtes Öl
Zwiebel, gehackt
Kümmel
Meersalz

Zubereitung: Kartoffeln kochen, schälen und in Scheiben schneiden; zu der in Butter oder Öl angedünsteten Zwiebel geben, mit Kümmel und etwas Meersalz abschmecken.

Tip: Um nicht zu viel Fett zu verwenden und die Erdäpfel doch nicht zu trocken zu servieren, kann man 1 EL Wasser dazugeben.

Zubereitungszeit: ca. 40 Minuten

Kartoffeln mit Butter

K

Zutaten:
Kartoffeln
Butter
Meersalz

Zubereitung: Kartoffeln kochen, schälen, salzen und mit Butter noch heiß essen.

Anmerkung: Kartoffeln ohne Salz und Butter sind entwässernd und daher eine ausgezeichnete Diät zur Gewichtsreduktion.

Zubereitungszeit: ca. 20 Minuten

Kartoffelnudeln, gebacken

K

Zutaten:
Kartoffeln
Meersalz
1 Dotter
Vollkornmehl
Margarine

Zubereitung: Kartoffeln kochen, schälen, durch die Presse drücken, mit Salz, Dotter und Mehl zu einem Teig verarbeiten; diesen in Stücke schneiden und zu Kroketten formen. Margarine in einer feuerfesten Pfanne im Rohr zergehen lassen, Nudeln einlegen und backen; wenn sie auf einer Seite Farbe haben, umdrehen und weiterbacken.

Tip: Man kann die Nudeln mit Mohn oder geriebenen Nüssen bestreuen und Kompott dazu reichen oder auch zu Spinat und anderen Gemüsen servieren.

Zubereitungszeit: ca. 60 Minuten

Kartoffelnudeln, gekocht

K

Zutaten:
Kartoffeln
Meersalz
1 Dotter
Vollkornmehl

Zubereitung: Kartoffeln kochen, schälen, durch die Presse drücken, Salz, Dotter und etwas mehr Mehl als für gebackene Nudeln einarbeiten; Teig in Stücke schneiden und auf dem Brett zu Nudeln formen; in kochendem Salzwasser vorsichtig kochen, bis sie hochkommen; dann abseihen und als Beilage wie im Rezept „Kartoffelnudeln, gebacken" servieren.

Tip: Gibt man etwas Mehl ins Salzwasser, kochen die Nudeln nicht ab.

Zubereitungszeit: ca. 40 Minuten

Kartoffelpuffer

K

Zutaten:
3 größere Kartoffeln
1 EL Sauerrahm
Meersalz
Majoran
Zwiebel, fein gehackt
1 EL Vollkornmehl
Öl oder Margarine

Zubereitung: Kartoffeln schälen, waschen, reiben, mit Sauerrahm, Meersalz, Majoran, Zwiebel und Mehl abmischen; in einer Pfanne Öl erwärmen, kleine Häufchen der Masse einlegen, flachdrücken und auf beiden Seiten langsam braten oder auf einem mit Margarine befetteten Backblech im Rohr ausbacken.

Zubereitungszeit: ca. 25 Minuten

Kartoffelpuffer mit Zwiebeln

K

Zutaten:
1 kg Kartoffeln
3 EL Vollweizenmehl
Margarine
1 mittlere Zwiebel, fein geschnitten
Meersalz
2 Dotter
Petersilie, gehackt
1 EL Öl

Zubereitung: Kartoffeln schälen, in kaltes Wasser reiben (dadurch verfärben sie sich nicht) und durch ein Tuch gut auspressen; mit Mehl, in Margarine angedünsteter Zwiebel, Salz, Dotter, Petersilie und Öl vermischen; dünne Puffer in Öl langsam auf beiden Seiten herausbacken.

Zubereitungszeit: ca. 25 Minuten

Kartoffelpüree (natur) K

Zutaten:
Kartoffeln
Meersalz
Mineralwasser
einige EL Sauerrahm

Zubereitung: Kartoffeln dämpfen, schälen, durch die Presse drücken und salzen; Mineralwasser mit Sauerrahm erhitzen, zum Kartoffelbrei geben und mit dem Schneebesen schaumig schlagen.

Tip: 1. Das Püree kann auch mit Molke zubereitet werden.
2. Für ein Kräuterpüree mischt man vor dem Anrichten fein gehackte Dille, Kerbel, Petersilie, Basilikum oder andere Kräuter darunter.

Zubereitungszeit: ca. 25 Minuten

Kartoffelpüree, überbacken K

Zutaten:
Kartoffeln
Meersalz
Mineralwasser
Sauerrahm
Margarine
Zwiebel, klein gehackt
Butter
Schafkäse

Zubereitung: Kartoffelpüree wie im Rezept „Kartoffelpüree (natur)" zubereiten; in eine feuerfeste Form Margarine und Zwiebel geben, das Püree bergartig oder flach daraufschichten und mit einem Messer ein Schuppenmuster machen; ca. 15 Minuten vor dem Anrichten Form in das heiße Rohr schieben und überbacken, bis das Püree leicht braun ist; kleine Butterflöckchen und eventuell zerbröselten Schafkäse darauf geben.

Zubereitungszeit: ca. 50 Minuten

Kartoffelsterz

K

Zutaten:
1 kg Kartoffeln
Meersalz
2 dl Vollkorngrieß
Butter oder Margarine

Zubereitung: Geschälte, halbierte Kartoffeln werden in wenig Salzwasser weich gekocht; wenn sie noch kernig sind, also nicht zu weich, schiebt man sie in der Mitte auseinander, gibt in dieses Loch Vollkorngrieß und läßt das Ganze auf der warmen Kochplatte oder im lauwarmen Backrohr ca. 30 Minuten gut zugedeckt stehen, damit der Grieß quellen kann; dann rührt man die Masse gut durch, damit sie wie ein Sterz bröckelig wird, gibt erwärmte Butter oder Margarine darüber und serviert Salat dazu.

Zubereitungszeit: ca. 60 Minuten

Majorankartoffeln

K

Zutaten:
Kartoffeln
Margarine
Vollkornmehl
Gemüsebrühe
Meersalz
Majoran, frisch oder getrocknet
etwas Sauerrahm

Zubereitung: Kartoffeln kochen und schälen; aus Margarine und Mehl lichte Einmach bereiten, mit Gemüsebrühe aufgießen, die Kartoffeln blättrig hineinschneiden, mit Salz abschmecken, gut kochen lassen; vor dem Anrichten Majoran unterrühren und mit ganz wenig Sauerrahm verzieren.

Tip: Statt Majoran kann man auch frische feingehackte Dille darunterrühren.

Zubereitungszeit: ca. 45 Minuten

Rohr-Kartoffellaibchen

K

Zutaten:
Kartoffeln
Vollkorngrieß
Meersalz
Muskatnuß
Zwiebel, fein gehackt
Kümmel, gemahlen
Kräuter nach Belieben
Dotter
Öl
Schafkäse

Zubereitung: Sind vom Vortag gekochte Kartoffeln übriggeblieben, schält man sie, raffelt sie grob und mischt sie mit Vollkorngrieß, Salz, Muskatnuß, Zwiebel, Kümmel, Kräutern (Beifuß, Bibernelle, Petersilie, frischem Majoran oder Thymian) und für 2 Personen je 1 Dotter gut ab, bestreicht das Backblech mit etwas Öl, formt aus der Masse Laibchen und bäckt sie im Rohr ca. 15 Minuten, wendet sie und bäckt noch einmal so lange bei nicht zu starker Hitze; man kann etwas Schafkäse darauf geben und nochmals kurz überbacken.

Zubereitungszeit: ca. 45 Minuten

Spritzkartoffeln

K

Zutaten:
Kartoffelpüree

Zubereitung: Festes Kartoffelpüree wie im Rezept „Kartoffelpüree (natur)", S. 79, zubereiten; in einen Spritzsack füllen und auf ein gefettetes Blech größere Häufchen spritzen; im Rohr überbacken.

Zubereitungszeit: ca. 50 Minuten

Vorarlberger Käseerdäpfel

K

Zutaten:
speckige Kartoffeln
Margarine
Vollweizenmehl
Gemüsebrühe
Kümmel
Meersalz
Vollrahmkäse oder Schafkäse
Zwiebel, klein gehackt

Zubereitung: Man macht eine Einmach aus Margarine und Vollweizenmehl, gießt mit Gemüsebrühe auf, gibt Kümmel und Meersalz dazu und läßt gut aufkochen; dann gibt man gekochte, nudelig geraffelte Kartoffeln und entweder reichlich Flocken von Vollrahmkäse oder Schafkäse dazu, vermischt alles gut, gibt die Masse in eine feuerfeste Form, bestreut mit glasig gedämpfter Zwiebel und bäckt ca. 20 Minuten im heißen Rohr.

Zubereitungszeit: ca. 60 Minuten

Waldviertler Kartoffellaibchen

K

Zutaten:
500 g rohe Kartoffeln, gerieben
3 gekochte Kartoffeln, gerieben
Meersalz
Muskatnuß
Öl

Zubereitung: Kartoffeln mit Salz und etwas Muskatnuß gut verrühren; ein Backblech einfetten, Häufchen daraufsetzen, flachdrücken und im Rohr auf beiden Seiten backen.

Zubereitungszeit: ca. 45 Minuten

TEIGWAREN

Für die nachstehenden Rezepte sollte man nur Vollkornteigwaren verwenden. Man kann diese im Reformhaus kaufen (dabei aber bitte beachten, daß sie ohne Zugabe von Eiern erzeugt wurden), besser aber ist es, man macht die Nudeln selbst. Zur Selbstherstellung ist eine Nudelmaschine von Vorteil, sie hat verschiedene Einsätze, mit denen man Nudeln, Spaghetti, Makkaroni usw. formen kann.

Teigwaren (Grundrezept)

Zutaten:
Vollkornmehl
Wasser
Meersalz

Zubereitung: Man nimmt eine beliebige Menge Vollkornmehl und gibt so viel Wasser dazu, bis ein sehr fester Teig entsteht. Dieser Teig muß sehr gut abgearbeitet werden. Dann wird er auf dem Nudelbrett ganz dünn ausgewalkt; die Flecken werden so lange getrocknet, bis sie beim Schneiden nicht brüchig sind. Nun werden sie zu breiteren oder feinen Nudeln geschnitten und gut getrocknet. Macht man Nudeln auf Vorrat, muß man sie luftig aufbewahren, da sie sonst leicht Schimmel ansetzen – auf keinen Fall in Plastiksäcke geben!

Die Nudeln sollen in kochendes, leicht gesalzenes Wasser eingelegt werden. Man kann auch ein Stückchen Margarine oder Öl in das Kochwasser geben, dadurch kochen die Nudeln nicht so leicht über; nicht zu weich kochen, sonst werden sie klebrig, und abseihen.

Tip: 1. Das Nudelwasser kann für Suppen oder zum Aufgießen von Soßen und Gemüse verwendet werden.

2. Will man grüne Nudeln machen, gibt man Spinatwasser zum Mehl; dazu kocht man Spinat in wenig Wasser und läßt ihn abkühlen. (Den Spinat kann man als Gemüse weiterverwenden.)

Bröselnudeln

K

Zutaten:
Nudeln
Butter
Vollkornbrösel

Zubereitung: Nudeln kochen; etwas Butter erwärmen, Brösel darin leicht anbräunen und die Nudeln darin schwenken; entweder ißt man Salat dazu oder gibt Honig zu den Bröseln; auch Kompott aus Heidelbeeren oder Trockenfrüchten schmeckt vorzüglich zu Bröselnudeln.

Zubereitungszeit: ca. 15 Minuten

Käsenudeln

K

Zutaten:
Nudeln
Zwiebel, fein gehackt
Margarine
Kerbel, klein gehackt
2–3 EL Sauerrahm
Bergkäse, gerieben

Zubereitung: Nudeln kochen, Zwiebel glasig andünsten, Kerbel und Sauerrahm dazumischen und mit Bergkäse bestreuen; dazu Salat servieren.

Zubereitungszeit: ca. 25 Minuten

Knoblauchnudeln

K

Zutaten:
250 g Nudeln
30 g Butter
4 große Knoblauchzehen, zerdrückt
1 KL Gemüsewürze

Zubereitung: Teigwaren kochen, abseihen und warm halten. Butter erwärmen, Knoblauch, die gekörnte Würze und ganz wenig Wasser dazugeben, kurz aufkochen lassen und mit den Nudeln vermischen.

Zubereitungszeit: ca. 20 Minuten

Krautfleckerln

K

Zutaten:
Vollkornfleckerln
Weißkraut
Zwiebel, fein gehackt
Margarine
Meersalz
Pfeffer
Sauerrahm

Zubereitung: Vollkornfleckerln kernig kochen; Weißkraut fein schneiden; Zwiebel in Margarine glasig dünsten, Kraut, Meersalz und Pfeffer dazugeben und weich dünsten; zum Schluß mit den Fleckerln gut vermischen und mit einem Tupfen Sauerrahm garnieren.

Zubereitungszeit: ca. 40 Minuten

Makkaroniauflauf

K

Zutaten:
200 g Makkaroni oder Spaghetti
1 Sellerieknolle
Meersalz
30 g Margarine
2 EL Vollkornmehl
Thymian
Muskatnuß
1/8 l Sauerrahm
1 Dotter
Butter

Zubereitung: Teigwaren in reichlich Wasser kochen, abseihen. Sellerie in Streifen schneiden, in wenig gesalzenem Wasser weich dünsten.
Béchamelsoße: Fett erwärmen, Vollkornmehl dazugeben und anschwitzen, mit dem Selleriesud aufgießen, mit Salz, Thymian und Muskatnuß abschmecken. Teigwaren in eine gefettete, bemehlte feuerfeste Form geben; darauf die Sellerie verteilen, darüber die Béchamelsoße gießen, mit dem Rest der Teigwaren bedecken. Rahm mit Dotter und einer Prise Salz vermischen und über die Nudeln gießen; Butterflocken darauf verteilen. Im Rohr ca. 20 Minuten backen. Dazu paßt am besten grüner Salat oder Endiviensalat.

Zubereitungszeit: ca. 50 Minuten

Mohnnudeln

K

Zutaten:
250 g Vollkornnudeln
2 EL Honig
60 g Butter oder Margarine
50 g Mohn, fein gemahlen

Zubereitung: Bandnudeln kochen, abseihen; Honig mit Butter erwärmen, die Nudeln dazugeben, Mohn darüberstreuen und alles gut vermischen.

Zubereitungszeit: ca. 20 Minuten

Nudeln mit Mohn und Powidl

K

Zutaten:
200 g Vollkornnudeln, Fleckerln, Spiralen oder andere Teigwaren
100 g Mohn, gemahlen
100 g Powidl aus Trockenpflaumen
80 g Butter

Zubereitung: Nudeln nicht zu weich kochen, abseihen. Eine feuerfeste Form mit Butter ausstreichen, 1/3 der Teigwaren hineingeben, Mohn daraufstreuen, etwas Honig darüberträufeln. Den zweiten Teil der Nudeln daraufschichten und mit nicht zu festem Powidl bestreichen. Den Rest der Teigwaren darübergeben und Butterflocken darauf verteilen. Nudeln ca. 20 Minuten im Rohr backen, bis sie Farbe angenommen haben.

Zubereitungszeit: ca. 50 Minuten

Nudelpudding

K

Zutaten:
150 g feine Nudeln
50 g Butter
1/2 l Mineralwasser
1 EL Sauerrahm oder Obers
Prise Meersalz
2 Dotter
2 EL Honig
Zitronenschale, abgerieben
100 g Nüsse oder Haselnüsse, grob gerieben

Zubereitung: Mineralwasser mit Rahm oder Obers und einer Spur Meersalz zum Kochen bringen, Butter und Nudeln dazugeben und al dente kochen. Die Masse soll nicht zu trocken werden, aber es soll auch keine Flüssigkeit übrigbleiben. Dotter, Honig, Zitronenschale und Nüsse dazumischen. Die Masse in eine mit Butter ausgestrichene und mit Nüssen bestreute feuerfeste Form füllen und ca. 20 Minuten bei 180 Grad backen. Kompott von Trockenfrüchten, Erdbeeren oder Heidelbeeren dazu reichen.

Zubereitungszeit: ca. 50 Minuten

Nudelsalat für Naschkatzen [K]

Zutaten:
Teigwaren
1 Becher Sauerrahm
1–2 EL Honig
Zimt oder Vanilleschote
Rosinen
Schale von 1/2 Zitrone, abgerieben
Nüsse oder Haselnüsse, gerieben
Heidelbeeren, frisch oder tiefgekühlt
Schlagobers

Zubereitung: Teigwaren kochen und auskühlen lassen; Marinade aus Sauerrahm, Honig, Zimt oder dem Inneren einer Vanilleschote, Rosinen und Zitronenschale bereiten und mit den Teigwaren vermischen; in einer Schüssel bergartig anrichten, mit Nüssen oder Haselnüssen bestreuen, rundherum Heidelbeeren geben und mit etwas Schlagobers verzieren.

Zubereitungszeit: ca. 30 Minuten

Nudelsalat mit Gemüse [K]

Zutaten:
Vollkornspaghetti oder andere Nudelarten
Meersalz
Molkeessig
Karotten, kleinwürfelig geschnitten
Erbsen, frisch oder tiefgekühlt
Mayonnaise
Sauerrahm
Kräuter der Saison

Zubereitung: Teigwaren in Salzwasser nicht zu weich kochen, abseihen, kalt abschrekken und in gewässerten Molkeessig legen; Karotten und Erbsen weich kochen und ausgekühlt mit Mayonnaise (Rezept S. 150) und gleich viel Sauerrahm unter die Teigwaren mengen. Dann Kräuter zugeben: Wildkräuter (Sauerampfer, Löwenzahn, junge Brennesselblätter, Gänseblümchenblätter und -blüten usw.), auch jungen Knoblauch oder Zwiebel, Bärlauch usw.

Tip: 1. Man kann auch Maiskörner, Sojabohnenkeimlinge oder mit Mayonnaise verrührten Vollrahmkäse daruntermischen.
2. Würfelig geschnittene Paradeiser oder feingeschnittene Paprikaschoten unter die Teigwaren gemischt, ist dies ein hervorragendes Sommergericht.

Zubereitungszeit: ca. 40 Minuten

Nudelsalat, pikant

K

Zutaten:
Nudeln od. andere Teigwaren
Meersalz
1/2 Becher Sauerrahm
1 Eckerl Vollrahmkäse
1–2 Dotter
Kerbel, Basilikum, Petersilie, Sellerieblätter, Beifuß oder Pimpernelle, fein gehackt
etwas Senf
1 Knoblauchzehe, zerdrückt
Schnittlauch, fein geschn.

Zubereitung: Teigwaren in Salzwasser kernig kochen; Marinade aus Sauerrahm, Vollrahmkäse, Dotter, frischen Kräutern, Salz, Senf nach Bedarf und Knoblauch bereiten; Nudeln daruntermischen, bergartig in einer Schüssel anrichten und mit Schnittlauch bestreuen.

Zubereitungszeit: ca. 30 Minuten

Nußnudeln

K

Zutaten:
Nudeln
Meersalz
Butter oder Margarine
Nüsse, gerieben
etwas Honig
Heidelbeerkompott

Zubereitung: Die gekochten und abgeseihten Nudeln in zerlassener Butter oder Margarine schwenken und mit Nüssen bestreuen (man kann dazu jede Art von Nüssen verwenden); etwas Honig darübergeben oder Heidelbeerkompott dazu servieren.

Zubereitungszeit: ca. 20 Minuten

Pikanter Nudelauflauf mit Topfen

K

Zutaten:
200 g Vollkornnudeln
200 g Magertopfen
2 Dotter
100 g Schalotten oder Jungzwiebeln, klein geschnitten
Kräuter nach Belieben, gehackt
Meersalz
2–3 EL Sauerrahm
Margarine
Bergkäse oder Brimsen

Zubereitung: Nudeln in Salzwasser kernig kochen, abseihen; Magertopfen mit Dottern, Schalotten und Kräutern (Dille, Pibernelle, Kerbel, Petersilie, Salbei usw.), etwas Meersalz und Sauerrahm vermischen; eine feuerfeste Form mit Margarine ausfetten; zuerst eine Lage Nudeln, dann eine Schicht Topfenmasse, wieder Nudeln und Topfen, abschließend eine Lage Nudeln; Bergkäse oder Brimsen darüberstreuen und ca. 20 Minuten im Rohr backen.

Zubereitungszeit: ca. 50 Minuten

Süßer Nudelauflauf

K

Zutaten:
200–250 g Nudeln
2 Dotter
100 g Margarine
3 EL Honig oder Birnendicksaft
Handvoll Rosinen
Zitronenschale, abgerieben
Nüsse, gerieben
Sauerrahm
Butter

Zubereitung: Nudeln kochen; Abtrieb aus Dottern, Margarine, Honig oder Birnendicksaft, Rosinen und Zitronenschale bereiten und mit den Nudeln gut vermischen, in eine feuerfeste, befettete und mit Nüssen ausgestreute Form leeren, etwas Sauerrahm und Butterflocken darübergeben und ca. 20 Minuten im Rohr überbacken.

Zubereitungszeit: ca. 50 Minuten

Topfennudeln

K

Zutaten:
Nudeln
Meersalz
Topfen
Butter oder Margarine

Zubereitung: Nudeln in Salzwasser kernigweich kochen; Topfen passieren, Butter oder Margarine erwärmen, die Nudeln darin schwenken und den Topfen leicht daruntermischen.

Tip: Man kann Brösel in Margarine anbräunen und über die Nudeln geben; eine andere Variante ist das Süßen der Nudeln mit Honig oder Birnendicksaft; wer die Topfennudeln lieber salzig hat, muß das Kochwasser mehr salzen und Salate oder Soßen zu den Nudeln reichen.

Zubereitungszeit: ca. 20 Minuten

REIS

Für Reisspeisen sollte in der Trennkost nur Vollreis oder Naturreis verwendet werden, da bei diesem sämtliche Nährwerte erhalten sind. Er muß länger kochen als der geschälte Reis, schmeckt aber viel pikanter. Hat man mit der Getreidemühle viel Getreide gemahlen, mahlt man etwas Reis nach, das reinigt die Mühle. Reismehl eignet sich gut zum Eindicken von Suppen und Soßen.

Reis (Grundrezept)

Zutaten:
1 Tasse Vollreis
2 Tassen Wasser
Meersalz

Zubereitung: Vollreis mit Wasser und etwas Salz kochen und entweder auf der Herdplatte, im Rohr oder in einem Thermosgefäß ausdünsten lassen.

Tip: Der Reis kann auch vor dem Kochen längere Zeit eingeweicht werden, dadurch verkürzt sich die Kochzeit.

Zubereitungszeit: ca. 30–35 Minuten

Bananenreis

K

Zutaten:
1 Tasse Naturreis
3 Tassen Mineralwasser
Meersalz
2 EL Sauerrahm
Handvoll Rosinen
1 EL Honig
1 Banane
Butterflocken
Zimt

Zubereitung: Naturreis in Mineralwasser und Sauerrahm weich kochen, salzen (Naturreis wird immer erst gesalzen, wenn er gar gekocht ist!); in der letzten Viertelstunde Rosinen zugeben; vom Feuer nehmen, Honig und in Würfel geschnittene Banane leicht daruntermischen, auf Tellern anrichten, ein paar Butterflocken und nach Geschmack Honig und Zimt darüberstreuen.

Zubereitungszeit: ca. 30–35 Minuten

Gemüsereis

[K]

Zutaten:
2 Tassen Naturreis
4 Tassen Wasser
Meersalz
je 1 gelber und grüner Paprika
1 Zwiebel
Margarine
100 g junge Erbsen
100 g Champignons oder Austernpilze
Kräuter der Saison
Hartkäse (60% F. i. d. Tr.)

Zubereitung: Naturreis im Wasser weich kochen. (Salzen erst, wenn er fertig gekocht ist!) Die geschnittenen Paprika und die gehackte Zwiebel im Fett weich dünsten, die blättrig geschnittenen Pilze und Erbsen dazugeben und kurz mitdünsten. Alles zusammenmischen, mit frischen oder getrockneten Kräutern und dem geriebenen Käse bestreuen. Dazu kann man Salate servieren.

Zubereitungszeit: ca. 45 Minuten

Gurkenreis

[K]

Zutaten:
1 Tasse Vollreis
2 Tassen Wasser
Meersalz
1 Salatgurke
Dille und Gurkenkraut (Borretsch), fein gehackt
etwas Gemüsebrühe
Margarine

Zubereitung: Vollreis in Wasser und Salz weich dünsten; Gurke kleinwürfelig schneiden; mit Dille, Gurkenkraut, Gemüsebrühe und etwas Margarine kurz dünsten und unter den Reis mischen.

Zubereitungszeit: ca. 30–35 Minuten

Reisauflauf

[K]

Zutaten:
1 Tasse Vollreis
3 Tassen Mineralwasser
2 El Sauerrahm
Meersalz
2 Dotter
Margarine
2 EL Birnendicksaft
Zitronenschale, abgerieben
Rosinen
Butter
1 Banane, blättrig geschn.
Nüsse/Haselnüsse, gerieben

Zubereitung: Vollreis in Mineralwasser, dem Salz und Sauerrahm beigegeben wurde, weich dünsten; Dotter mit Margarine und Birnendicksaft abtreiben, mit Zitronenschale und Rosinen in den Reis einrühren; eine feuerfeste Schüssel mit Butter ausfetten, die halbe Masse einfüllen, darauf Banane, geriebene Wal- oder Haselnüsse verteilen, dann den restlichen Reis und einige Butterflocken darauf geben; ca. 30 Minuten im Rohr ausdünsten.

Zubereitungszeit: ca. 60 Minuten

Reisauflauf mit Topfen

K

Zutaten:
2 Tassen Vollreis
4 Tassen Wasser
etwas Meersalz
200 g Topfen
50 g Margarine
100 g Dörrzwetschken
100 g getrocknete Marillen
100 g Walnüsse
Zitronenschale, abgerieben
Butter

Zubereitung: Vollreis mit Wasser und Salz weich kochen und auf der Herdplatte oder im Rohr ausdünsten lassen; Topfen mit Margarine schaumig rühren; Dörrzwetschken und Marillen weich kochen, klein schneiden, mit den geriebenen Walnüssen und der Zitronenschale unter den Reis mischen; in eine befettete, mit geriebenen Walnüssen ausgestreute Form füllen, Butterflocken darauf geben und im Rohr ca. 40 Minuten backen.

Zubereitungszeit: ca. 80–90 Minuten

Reislaibchen

K

Zutaten:
2 Tassen Vollreis, gedünstet
2 Dotter
1 EL Hartkäse, gerieben, (60% F. i. d. Tr.)
1 El Petersilie, gehackt
2 EL Vollkornmehl
1 EL Vollkornbrösel
1 EL Käse, gerieben
kaltgepreßtes Öl

Zubereitung: Sämtliche Zutaten vermischen. Wenn der Teig zu weich ist, noch etwas Mehl dazugeben. Brösel und Käse mischen, die Laibchen darin wälzen, im erwärmten Fett herausbacken. Dazu passen Salat, Gemüse oder auch Soßen.

Zubereitungszeit: ca. 25 Minuten

Reissalat

K

Zutaten:

1 Tasse Vollreis
2 Tassen Wasser
Meersalz
1 Essiggurke, kleinwürfelig geschnitten
1 Paprika, nudelig geschnitten
etwas Pfefferoni, fein geschnitten
2 EL Maiskörner

Marinade:

1/2 Becher Sauerrahm
Meersalz
Petersilie, fein gehackt
Dille, fein gehackt
etwas Essiggurkerlsaft
Kräuter der Saison

Zubereitung: Reis in gesalzenem Wasser 30 Minuten kochen, dann auf der Herdplatte ausdünsten lassen; den erkalteten Reis mit Essiggurke, Paprika, Pfefferoni und Maiskörnern mischen; Marinade aus Sauerrahm, Meersalz, Petersilie, Dille und Essiggurkerlsaft machen, den Reis daruntermischen; im Sommer können auch frische, kleingeschnittene Paradeiser und andere Kräuter der Saison dazugemischt werden.

Zubereitungszeit: ca. 50 Minuten

Reistopf, serbisch

K

Zutaten:

2 große Zwiebeln, fein gehackt
kaltgepreßtes Öl
Porree, ringelig geschnitten
4 rote und grüne Paprika
Meersalz
1/2 l Gemüsebrühe
125 g Vollreis
Paradeiser, würfelig geschnitten

Zubereitung: Zwiebel in Öl dämpfen, Porree und geschnittene Paprika mitdünsten, Meersalz zugeben, mit Gemüsebrühe aufgießen, Vollreis zugeben und weich dämpfen; Speise vom Feuer nehmen und Paradeiser daruntermischen (nicht mehr kochen lassen, da sich gekochte Paradeiser nicht mit Kohlehydratmahlzeiten vertragen).

Zubereitungszeit: ca. 45 Minuten

HIRSE

Hirse sollte viel öfter gekocht werden, als es bei uns der Fall ist. Sie ist sehr gesund, beinhaltet viel Kieselsäure und Mineralstoffe und läßt sich vielseitig verwenden: Hirse im ganzen für verschiedene Speisen, Hirseflocken zum Eindicken von Suppen und Soßen, Hirsemehl für Mehlspeisen und Bäckereien sowie für Hirseteigwaren.

Hirse (Grundrezept)

Zutaten:
1 Tasse Hirse
2 Tassen Wasser
Meersalz

Zubereitung: Hirse warm waschen, in Wasser mit etwas Meersalz einige Minuten lang kochen und auf der Platte oder in einem Thermosgefäß ausdünsten lassen.

Zubereitungszeit: ca. 20–25 Minuten

Hirseauflauf

K

Zutaten:
2 Tassen Hirse
4 Tassen Mineralwasser
2 EL Sauerrahm
Meersalz
Wal- oder Haselnüsse, gerieben
Heidelbeeren
Bananen, geschnitten
2 EL Honig oder Birnendicksaft
1 Dotter
1/8 l Obers

Zubereitung: Hirse in mit Sauerrahm vermischtem Mineralwasser und Salz einige Minuten kochen und auf der Platte auskühlen lassen; eine feuerfeste Form ausfetten und mit geriebenen Nüssen bestreuen; 1 Lage Hirse, 1 Lage Heidelbeeren und Bananenspalten (ebentuell auch eingeweichte Trokkenfrüchte), geriebene Nüsse, etwas Honig oder Birnendicksaft darüberträufeln; dann wieder 1 Lage Hirse und zuletzt das mit dem Dotter verquirlte Obers darübergießen und ca. 20 Minuten im Rohr überbacken.

Zubereitungszeit: ca. 35 Minuten

Hirse-Birnen-Speise

K

Zutaten:
1 Tasse Hirse
2 Tassen Wasser
Meersalz
3 Birnen
etwas Butter
1 EL Birnendicksaft
1 KL Zimt
Zitronenschale, abgerieben
1/8 l Obers

Zubereitung: Hirse in gesalzenem Wasser ca. 15 Minuten langsam weich dünsten; inzwischen Birnen schälen und kleinwürfelig schneiden; Hirse mit Butter, Birnendicksaft, Zimt, Zitronenschale und Obers vermischen.

Tip: Man kann vor dem Servieren etwas Schlagobers darübergeben oder auch Rosinen und grobgehackte Walnüsse einmengen.

Zubereitungszeit: ca. 25 Minuten

Hirsebusserln

K

Zutaten:
100 g Margarine
2 Dotter
100 g Birnendicksaft
Zitronenschale, abgerieben
200 g Hirse, frisch gemahlen
2 EL Vollweizenmehl
1/2 Päckchen Backpulver

Zubereitung: Margarine mit Dotter, Birnendicksaft und Zitronenschale flaumig rühren, mit Hirse, Vollweizenmehl und Backpulver vermischen; auf ein befettetes und bemehltes Backblech macht man kleine Häufchen (nicht zu eng aneinander, sie laufen etwas in die Breite) und bäckt sie bei schwacher Hitze recht langsam (werden schnell braun).

Zubereitungszeit: ca. 40 Minuten

Hirse-Früchte-Speise

K

Zutaten:
100 g Hirseflocken
einige EL Saft von Dörrobst
frische Heidelbeeren oder anderes Frischobst nach Belieben
Birnendicksaft nach Geschmack
1/8 l Obers
Haselnüsse, gerieben

Zubereitung: Dörrzwetschken oder Dörrmarillen weich kochen; Obstsaft über die Hirseflocken gießen, kleingeschnittenes Dörrobst sowie Frischobst, Birnendicksaft und Obers dazumischen und mit Haselnüssen bestreuen.

Zubereitungszeit: ca. 15 Minuten

Hirse-Gemüse-Speise

[K]

Zutaten:
250 g Hirse
1 Zwiebel, fein geschnitten
2 Paprika, nudelig geschn.
Prise Meersalz
kaltgepreßtes Öl
1 Porreestange
2 Karotten
1 kleine Sellerieknolle
Sellerieblätter
3/4 l Gemüsewürfelbrühe
Butter oder Margarine
etwas Schafkäse

Zubereitung: Zwiebel und Paprika in Öl andünsten; Porreestange, Karotten, Sellerieknolle und Sellerieblätter klein schneiden und kurz mitdämpfen; Hirse und Gemüsebrühe dazugeben, nach Geschmack etwas salzen und alles weich dünsten lassen; vor dem Servieren ein Stück Butter oder Margarine daruntermischen und mit zerbröseltem Schafkäse bestreuen.

Zubereitungszeit: ca. 30–35 Minuten

Hirsepalatschinken

[K]

Zutaten:
200 g Hirse, gemahlen
1 Dotter
4 EL Dinkelmehl
1/4 l Mineralwasser
1 EL Sauerrahm
Prise Meersalz
Margarine oder Öl

Zubereitung: Alle Zutaten zu einem nicht zu festen Teig verarbeiten und ca. 30 Minuten rasten lassen. In einer Pfanne Margarine oder Öl heiß werden lassen, Teig eingießen und nach und nach Palatschinken ausbacken; nach Geschmack füllen.

Zubereitungszeit: ca. 45 Minuten

Hirseschnitzel

[K]

Zutaten:
2 Tassen Hirse
4–5 Tassen Wasser
Meersalz
1 Zwiebel, fein gehackt
kaltgepreßtes Öl
1 EL Sauerrahm
2 Dotter
1 EL Vollkornmehl
1 Knoblauchzehe, zerdrückt
Muskatnuß

Zubereitung: Hirse in leicht gesalzenem Wasser kochen und auf der ausgeschalteten Herdplatte ausdünsten lassen; Zwiebel in Öl glasig dünsten, mit Sauerrahm, Dotter, Vollkornmehl, Knoblauch und Muskatnuß zur Hirse mischen; mit einem Löffel Teighäufchen auf ein befettetes Blech geben und zu Laibchen breitdrücken; auf beiden Seiten goldgelb backen; mit Salat, Gemüse oder Soße servieren.

Zubereitungszeit: ca. 40 Minuten

Hirsesterz

[K]

Zutaten:
1 Tasse Hirse
2 Tassen Wasser
Meersalz
1 Zwiebel, fein gehackt
Butter oder Margarine
Zwiebelringe

Zubereitung: Hirse in Salzwasser so lange kochen, bis das Wasser verkocht ist (auf der Platte nachquellen lassen); inzwischen Zwiebel in Butter oder Margarine glasig dünsten, Hirse dazumischen, in einer Schüssel anrichten und Zwiebelringe darüberstreuen.

Zubereitungszeit: ca. 35 Minuten

Hirsetorte

[K]

Zutaten:
200 g Hirse
3 dl Wasser
Meersalz
100 g Butter oder Margarine
100 g Datteln, fein geschnitten
100 g Rosinen oder Sultaninen
70 g Hasel- oder Walnüsse, grob geraffelt
3/8 l Mineralwasser
3 EL Sauerrahm
20 g Vollkornmehl
1/2 Päckchen Backpulver
1 EL Honig

Zubereitung: Hirse in leicht gesalzenem Wasser weich kochen; inzwischen Butter oder Margarine schaumig rühren, Datteln, Rosinen oder Sultaninen, Hasel- oder Walnüsse, Mineralwasser, dem Sauerrahm beigefügt wurde, und mit Backpulver vermischtes Mehl sowie Honig einrühren und mit der Hirse vermengen; Masse in eine befettete feuerfeste Form füllen und ca. 45 Minuten im Rohr backen.

Tip: Vor dem Servieren kann man die Torte mit Schlagobers garnieren und mit pürierten Heidelbeeren, denen 1 EL Honig beigemischt wurde, verzieren.

Zubereitungszeit: ca. 75 Minuten

GRIESS

Zu Grießspeisen verwendet man auf jeden Fall Vollkorngrieß – er ist gesundheitlich wertvoll und außerdem viel geschmackvoller als der normale Grieß.

Grießauflauf

[K]

Zutaten:
1 Tasse Grieß
3 Tassen Mineralwasser
2 EL Sauerrahm
etwas Meersalz
2 Dotter
2 EL Birnendicksaft
1 EL Margarine
Zitronenschale, abgerieben
Nüsse, gerieben
etwas Butter

Zubereitung: Mineralwasser mit Salz und Sauerrahm vermischen, Grieß darin aufkochen und auskühlen lassen; Dotter mit Birnendicksaft, Margarine und Zitronenschale abtreiben und mit der Grießmasse mischen; eine feuerfeste Form ausfetten, mit geriebenen Nüssen bestreuen, die Grießmasse einfüllen, einige Butterflocken darauf geben und ca. 20 Minuten im Rohr backen.

Tip: Dazu paßt jede Art von Kompott.

Zubereitungszeit: ca. 45 Minuten

Grießbrei

[K]

Zutaten:
1 Tasse Grieß
3 Tassen Mineralwasser
2 EL Sauerrahm
Meersalz
Rosinen
1 EL Honig
Butter
Zimt

Zubereitung: Grieß in gesalzenes, mit Sauerrahm versetztes Mineralwasser einrühren, Rosinen zugeben und aufkochen; nach dem Abkühlen Honig einrühren, Portionen auf Teller aufteilen und nach Geschmack mit Butterflöckchen und Zimt verfeinern.

Tip: Wer es ganz festlich will, kann den Brei mit Schlagobers garnieren.

Zubereitungszeit: ca. 20 Minuten

Grieß-Gerste-Laibchen

K

Zutaten:
1/4 l Wasser
Nacktgerste
Knoblauch, zerdrückt
Meersalz
Majoran, Koriander
Maggikraut
Ysop
Grieß
1 Dotter (für 2 Personen)
Petersilie, gehackt
Vollkornbrösel

Zubereitung: Wasser zum Kochen bringen, so viel frisch gemahlene Nacktgerste einkochen, bis eine dünne Suppe entsteht; mit Knoblauch, Majoran, Koriander, Maggikraut und Ysop würzen; nun so viel Grieß einrühren, bis ein dicker Brei entsteht; etwas abkühlen lassen, Dotter und Petersilie untermischen, Laibchen formen, in Vollkornbröseln wälzen und auf befettetem Blech im Rohr auf beiden Seiten backen.

Zubereitungszeit: ca. 25–30 Minuten

Grießknödel

K

Zutaten:
120 g Grieß
1/4 l Mineralwasser
2 EL Sauerrahm
etwas Meersalz
Muskatnuß
Weizen-Hefebrot
20 g Butter
2 Dotter

Zubereitung: Mineralwasser mit Salz, Sauerrahm und Muskatnuß aufkochen, Grieß einrühren und so lange kochen lassen, bis eine dicke Masse entsteht; dann auskühlen lassen; Weizen-Hefebrot in Würfel schneiden, in Butter leicht andünsten, mit Dottern in die Grießmasse einrühren, Knödel formen und in Salzwasser ca. 10–12 Minuten langsam kochen.

Zubereitungszeit: ca. 25 Minuten

Grießkuchen

K

Zutaten:
1 Tasse Grieß
3 Tassen Mineralwasser
2 EL Sauerrahm
1–2 EL Honig
Wal- oder Haselnüsse, fein gerieben
1 EL Margarine

Zubereitung: Grieß in Mineralwasser, Sauerrahm und Honig zu einem dicken Brei kochen, geriebene Wal- oder Haselnüsse und Margarine daruntermengen, gut verrühren und 60 Minuten rasten lassen; in eine befettete, mit geriebenen Nüssen bestreute feuerfeste Form geben und ca. 50 Minuten im Rohr bei mittlerer Hitze backen.

Zubereitungszeit: ca. 120 Minuten

Grießschmarren

K

Zutaten:
Mineralwasser
etwas Meersalz
Grieß
Margarine
Honig
Heidelbeerkompott

Zubereitung: Mineralwasser und Sauerrahm verrühren, etwas salzen, Rosinen dazugeben und so viel Grieß einrühren, bis eine dickliche Masse entsteht; etwas rasten lassen; in einer Pfanne Margarine erwärmen, die Grießmasse hineingeben und unter öfterem Umrühren ausdünsten lassen; dann die Masse mit zwei Gabeln zerreißen. Mit Honig süßen und Heidelbeerkompott dazu reichen.

Zubereitungszeit: ca. 30 Minuten

Grießsterz

K

Zutaten:
Kartoffeln
Meersalz
Grieß
Margarine

Zubereitung: Kartoffeln in wenig Salzwasser kochen und zerdrücken; Grieß in einer Pfanne etwas linden (nicht braun werden lassen), mit ein wenig Margarine zu den Kartoffeln geben und mischen; eine feuerfeste Form mit Margarine ausfetten, den Sterz hineingeben und im Rohr ausdünsten.

Zubereitungszeit: ca. 50 Minuten

DINKEL

Der Dinkel ist die älteste bekannte Getreideart, er wird daher auch als Urweizen bezeichnet. Seit die Züchtung von Getreiden auf einen größeren Ernteertrag ausgerichtet ist, hat man den Dinkel fast vergessen. Der Dinkel wächst auf natürlichen Böden und spricht auf Kunstdünger nur schlecht an. Die Erträge sind viel niedriger als beim normalen Weizen.
Der gesundheitliche Wert des Dinkels ist aber weit höher als bei jedem anderen Getreide. Deshalb greift man in den letzten Jahren wieder sehr stark auf dieses Urgetreide zurück, da viele Menschen zur natürlichen Ernährung zurückfinden.
Die aus Dinkel gekochten Speisen sind geschmacklich hervorragend und sehr sättigend.

Dinkelauflauf mit Gemüse

K

Zutaten:
100 g Dinkelweizen
1/4 l Wasser
1 kg Gemüse der Saison
3 Dotter
30 g Butter oder Margarine
1/8 l Sauerrahm oder Obers
100 g Reibkäse, grob gerieben
Meersalz
etwas Basilikum oder Kerbel

Zubereitung: Dinkelweizen im Wasser ca. 10 Stunden quellen lassen. Am nächsten Tag das Gemüse (z. B. Melanzani, Zucchini, grüne, gelbe, rote Paprika, Sellerie, Karotten, Champignons) waschen, in Würfel schneiden, in wenig Salzwasser nicht zu weich dünsten. Dinkel mit dem Einweichwasser überdünsten, mit dem Gemüse vermischen, in eine gefettete Auflaufform geben. Dotter mit Rahm und Käse vermengen, über die Masse gießen, Butterflocken darauf verteilen und im Rohr dünsten, bis der Auflauf eine schöne Farbe hat. Mit den feingehackten Kräutern bestreuen.

Zubereitungszeit: ca. 45 Minuten

Dinkelgrießschnitten

K

Zutaten:
3/4 l Wasser
2 EL Sauerrahm
Meersalz
200 g Dinkelgrieß
Margarine
Käse, gerieben

Zubereitung: Wasser mit Sauerrahm und Salz zum Kochen bringen, Grieß einlaufen lassen, rühren, bis ein dicker Teig entsteht. Es sollen sich keine Klumpen bilden. Teig auf eine mit Wasser angefeuchtete Platte ca. 1,5 cm dick aufstreichen, auskühlen lassen. In Vierecke schneiden, diese in Margarine auf beiden Seiten goldgelb backen. Man kann die Schnitten auch mit Käse bestreuen und im Rohr so lange backen, bis der Käse geschmolzen ist und etwas Farbe angenommen hat.

Tip: Man kann die Schnitten auch süß servieren: Bevor man den Teig auf die Platte streicht, 1–2 EL Honig oder Birnendicksaft daruntermischen. Nach dem Backen mit Honig beträufeln und mit Zimt bestreuen.

Zubereitungszeit: ca. 30–40 Minuten

Dinkelkranz

K

Zutaten:
750 g Dinkelmehl
1/2 l Mineralwasser
Meersalz
3 EL Honig
2 Dotter
150 g Magertopfen
100 g Margarine
4 EL Obers oder Sauerrahm
Dampfl von 30 g Germ
1 EL Honig
1 EL Butter

Zubereitung: Aus sämtlichen Zutaten einen mittelfesten Germteig bereiten, gut abschlagen und auf doppelte Höhe gehen lassen. Nochmals durcharbeiten, zu einer Rolle formen und in eine ausgefettete, bestaubte Kranzform legen. Nochmals kurz gehen lassen und bei mittlerer Hitze ca. 40 Minuten backen. Noch heiß stürzen, mit Butter-Honig-Gemisch bestreichen.

Zubereitungszeit: ca. 120 Minuten

Dinkellaibchen

K

Zutaten:
200 g Dinkelschrot
1/2 l Wasser
1 Gemüsewürfel
1 Lorbeerblatt
1 Zwiebel, klein gehackt
2 Knoblauchzehen, zerdrückt
1 EL Hefeflocken
Majoran oder Thymian
Meersalz
1 Dotter
1 Tasse Brösel
50 g Margarine oder Öl

Zubereitung: Wasser mit dem Gemüsewürfel, Lorbeerblatt und Zwiebel aufkochen, Dinkelschrot einrühren und ca. 20 Minuten quellen lassen. Knoblauch, Hefeflocken und Majoran oder Thymian, Meersalz und Dotter zugeben und gut vermischen. So viel Brösel daruntermengen, daß sich Laibchen formen lassen, diese in Bröseln wälzen und herausbacken. Dazu kann man Salate, Soßen oder Gemüse servieren.

Zubereitungszeit: ca. 45 Minuten

Dinkel-Ofennudeln

K

Zutaten:
500 g Dinkelmehl
30 g Germ
1 EL Honig
60 g Butter oder Margarine
Meersalz
2 Dotter
Schale von 1 Zitrone, abgerieben
4 EL Honig
1 KL Zimt
80 g Mandeln oder Haselnüsse
1/4 l Mineralwasser
3 EL Sauerrahm
120 g Rosinen
Butter und Mehl

Zubereitung: Germ, lauwarmes Wasser, 1 EL Dinkelmehl und etwas Honig vermischen und zu einem Dampfl aufgehen lassen. Das restliche Mehl, Butter, Salz, Dotter, Zitronenschale, Honig, Zimt, Mandeln und Mineralwasser mit dem Sauerrahm vermischen, Dampfl dazugeben und den Teig gut abschlagen. Zugedeckt zu doppelter Höhe aufgehen lassen. Auf einem bemehlten Brett 1 cm dick auswalken, die geriebenen Mandeln und Rosinen daraufstreuen, zu einer Rolle formen, Stücke abschneiden, diese zu Kugeln formen, auf das befettete, bemehlte Blech legen, mit Dotter-Honig-Masse bestreichen, nochmals gehen lassen, 20–25 Minuten im Rohr backen.

Zubereitungszeit: ca. 90–100 Minuten

Dinkelreis-Bratlinge

K

Zutaten:
1 Tasse Dinkelreis
2 Tassen Wasser
Meersalz, 2 Dotter
Schnittlauch, Kerbel, Petersilie
1 Zwiebel, fein gehackt
3 EL kaltgepreßtes Öl
1 gr. Knoblauchzehe, zerdr.

Zubereitung: Frisch gedünsteter (oder übriggebliebener), ausgekühlter Dinkelreis in eine Schüssel geben, Dotter, feingehackte Kräuter, Zwiebel und Knoblauch daruntermischen. Mit Salz abschmecken. Flache Laibchen formen, in Öl auf beiden Seiten hellgelb backen.

Zubereitungszeit: ca. 40 Minuten

Dinkelreisrollen

K

Zutaten:
1 Tasse Dinkelreis
2 Tassen Wasser
Meersalz
Gemüse der Saison (Karfiol, Kohlrabi, Karotten, Kohlsprossen usw.)
Dille, Petersilie, gehackt
1 Zwiebel, klein gehackt
2 EL Sauerrahm, 2 Dotter
1 EL Dinkelmehl
kaltgepreßtes Öl

Zubereitung: Dinkelreis dünsten (oder übriggebliebenen Reis verwenden). Gemüse weich kochen, im Mixer pürieren. Reis und Gemüse mit den Kräutern, Zwiebel, Sauerrahm und den Dottern gut vermischen und aus der Masse Rollen formen. Die Rollen in Dinkelmehl eindrehen und in Öl herausbacken.

Zubereitungszeit: ca. 40 Minuten

Dinkel-Topfen-Pudding

K

Zutaten:
150 g Dinkelmehl
3 EL Honig oder Birnendicksaft
1/4 l Mineralwasser
3 EL Sauerrahm oder Obers
3/4 l Mineralwasser
100 g Topfen
etwas Vanilleschote
Rosinen
50 g Walnüsse, gerieben

Zubereitung: Dinkelmehl mit Honig, Mineralwasser, Sauerrahm oder Obers vermischen, in Mineralwasser einrühren und unter ständigem Rühren aufkochen. Nach einigen Minuten vom Feuer nehmen. Topfen, Vanille, Rosinen und geriebene Walnüsse daruntermischen und in eine kalt ausgespülte Form geben. Nach dem Erkalten stürzen.

Tip: Man kann den Pudding mit Heidelbeeren, Erdbeeren und Schlagobers verzieren.

Zubereitungszeit: ca. 25–30 Minuten

BUCHWEIZEN (HEIDEN)

Buchweizen ist sehr gesund und kann vielseitig verwendet werden: im ganzen, als Mehl oder in Flocken. Die Flocken kann man gut für ein Müsli oder zum Eindicken von Gemüse gebrauchen. Anstelle von Weizenmehl kann man verschiedenen Speisen etwas Buchweizenmehl zugeben. Macht man Teigwaren, kann man einen Teil Buchweizenmehl hinzufügen.

Buchweizenfülle

[K]

Zutaten:
200 g Buchweizen
1/2 l Gemüsewürfelbrühe
1 Zwiebel, fein geschnitten
Kräuter nach Belieben oder Vollrahmkäse
Meersalz

Zubereitung: Buchweizen in Gemüsewürfelbrühe, der man eine glasig angelaufene Zwiebel und etwas Meersalz beigegeben hat, ca. 20 Minuten auf kleiner Hitze kochen und erkalten lassen; nach Geschmak verschiedene Kräuter oder Käse dazugeben.

Anmerkung: Diese Fülle verwendet man für Krautblätter, Melanzani, Paprika usw.

Zubereitungszeit: ca. 30–35 Minuten

Buchweizenknödel

[K]

Zutaten:
200 g Semmelbröckerln
200 g Heidenmehl
Meersalz
Petersilie, fein gehackt
2 Dotter
2 EL kaltgepreßtes Öl
Mineralwasser nach Bedarf

Zubereitung: Semmelbröckerln, Heidenmehl (Buchweizenmehl), etwas Meersalz, Petersilie, Dotter, Öl und sehr heißes Mineralwasser werden zu einem festen Teig gemengt; man läßt ihn auskühlen, formt mit nassen Händen Knödel, legt sie in kochendes Salzwasser und läßt sie ca. 15 Minuten ziehen.

Zubereitungszeit: ca. 30–35 Minuten

Buchweizen, pikant

K

Zutaten:

1 Tasse Buchweizen
2 Tassen Wasser
Meersalz
Knoblauch
Zwiebel
Petersilie
Margarine

Zubereitung: Buchweizen wird mit Wasser und Meersalz gedämpft (am besten im Rohr 20 Minuten ausdämpfen lassen, er soll nicht klebrig werden); vom Feuer genommen, mischt man Knoblauch, Zwiebel, Petersilie und Margarine dazu; man serviert ihn zu beliebigen Soßen oder Salaten.

Zubereitungszeit: ca. 25–30 Minuten

Buchweizenplinsen

K

Zutaten:

300 g Buchweizenmehl
20 g Germ
2 Dotter
etwas Meersalz
1 KL Birnendicksaft
Mineralwasser
Sauerrahm
Margarine
Powidl

Zubereitung: Buchweizenmehl mit einem Dampfl aus Germ, Dotter, Salz, Birnendicksaft und so viel Mineralwasser mit Sauerrahm vermischen, bis ein fester Teig entsteht (30–60 Minuten rasten lassen); in einer Pfanne Margarine erwärmen, kleine Omeletten bei nicht zu starker Hitze herausbacken, mit Powidl bestreichen und je 2 Stück aufeinanderlegen.

Tip: Für den Powidl weicht man Dörrzwetschken in wenig Wasser ein und kocht sie, bis ein fester Brei entsteht.

Zubereitungszeit: ca. 60–90 Minuten

Germknödel aus Heidenmehl

K

Zutaten:
20 g Germ
1 dl Obers
2 EL Vollkornmehl
3,5 dl Heidenmehl
70 g Margarine
Meersalz
3 dl Obers
Butter

Zubereitung: Germ mit Obers und Mehl absprudeln, das Dampfl gehen lassen; Heidenmehl, Margarine, Salz und Obers zugeben, zu einem weichen Teig abschlagen, gehen lassen; eine Serviette mit Butter bestreichen, Teig darauf geben, locker zusammenbinden und in so viel kochendes Wasser legen, daß der Knödel schwimmen kann; zugedeckt 30 Minuten kochen lassen; auf eine warme Platte legen, mit 2 Gabeln in der Mitte aufreißen und mit warmer Butter begießen.

Zubereitungszeit: ca. 60 Minuten

Heidensterz

K

Zutaten:
Heidenmehl
Meersalz
Butter oder Margarine

Zubereitung: 1. Zubereitungsart: Mehl unter ständigem Umrühren linden (nicht braun werden lassen), salzen, mit heißem Wasser aufgießen, so daß Klumpen entstehen; diese mit einer Gabel auseinanderreißen, erwärmte Butter oder Margarine darübergießen und den Sterz im Rohr ausdünsten; öfter umrühren.
2. Zubereitungsart: Mehl in kochendes Salzwasser gießen, so daß ein Klumpen entsteht, mit dem Kochlöffelstiel in der Mitte ein Loch machen, den Klumpen umdrehen, nochmals kochen lassen, abseihen, den Sterz mit 2 Gabeln zerreißen, Butter darübergießen und im Rohr ausdünsten.

Zubereitungszeit: ca. 25–30 Minuten

MAIS

Maiskolben sind nur im Herbst zu bekommen; sie werden in Salzwasser gekocht, bis die Körner weich sind und so gegessen. Man kann die Körner von den Maiskolben auch ablösen, überkochen, einfrieren und im Winter zu Salaten und Gemüsen verwenden. Maisgrieß (Polenta), Maismehl und Maisflocken geben eine gute Abwechslung für unsere Küche. In manchen Gegenden Österreichs heißt der Mais „Kukuruz".

Kukuruztommerl, pikant [K]

Zutaten:
2 Tassen Maisgrieß
2 Tassen Gemüsewürfelbrühe
Meersalz
1 Zwiebel, fein gehackt
Margarine
Sellerie, Karotten, Kohlrabi, Karfiol, klein geschnitten
Petersilie, fein gehackt
Knoblauch, zerdrückt
Majoran
Butter
Sauerrahm

Zubereitung: Maisgrieß, Gemüsewürfelbrühe und Salz mischen und in eine ausgefettete Pfanne geben, Zwiebel in Margarine andünsten, Gemüse ebenfalls andünsten, Kräuter und Gewürze darübergeben und im Rohr backen; vor dem Servieren einige Butterflokken und etwas Sauerrahm darübergeben.

Zubereitungszeit: ca. 30 Minuten

Kukuruztommerl, süß [K]

Zutaten:
2 Tassen Maisgrieß
2 Tassen Wasser
1 EL Sauerrahm
1 Prise Meersalz
1 EL Honig
Heidelbeeren oder Dörrzwetschken

Zubereitung: Maisgrieß, Wasser, Sauerrahm, Meersalz und Honig werden gut verrührt, in eine ausgefettete Pfanne geschüttet und obenauf Heidelbeeren oder vorher erweichte Dörrzwetschken gegeben (das Einweichwasser kann man zum Kochen weiterverwenden); das Ganze wird im Rohr bei guter Hitze gebacken.

Zubereitungszeit: ca. 50 Minuten

Maisauflauf, pikant

K

<u>*Zutaten:*</u>
2/3 Masse Maismehl
1/3 Masse Magertopfen
1 Dotter
etwas Margarine
Sauerrahm
Kräuter nach Geschmack
Porree, ringelig geschnitten
Butterflocken
Bergkäse

<u>*Zubereitung:*</u> Maismehl in der doppelten Menge Wasser kochen, Magertopfen, Dotter, Margarine, Sauerrahm und Kräuter nach Geschmack mit der Maismasse vermischen, einen Teil in eine gefettete Pfanne geben, Porreeringe darüber verteilen, dann den Rest der Maismasse, obenauf einige Butterflocken und kleine Stückchen Bergkäse darauf legen, alles ca. 30 Minuten im Rohr backen.

<u>*Zubereitungszeit:*</u> ca. 50 Minuten

Maisauflauf, süß

K

<u>*Zutaten:*</u>
1 Tasse Maisgrieß
3 Tassen Mineralwasser
2 EL Sauerrahm
Meersalz
Honig oder Birnendicksaft
Nüsse, gerieben
Heidelbeeren
Bananen, geschnitten
Rosinen oder Trockenfrüchte

<u>*Zubereitung:*</u> Maisgrieß in Mineralwasser, Sauerrahm und Meersalz kochen und Honig oder Birnendicksaft daruntermengen; eine Lage davon in eine befettete, mit Nüssen ausgestreute feuerfeste Form geben, darauf Heidelbeeren, Bananen, Rosinen oder erweichte Trockenfrüchte verteilen, dann wieder eine Lage Mais, und anschließend 30 Minuten im Rohr backen.

<u>*Zubereitungszeit:*</u> ca. 50 Minuten

Maisgebäck

K

<u>*Zutaten:*</u>
100 g Margarine
2 Dotter
Prise Meersalz
Apfel- oder Birnendicksaft
Zitronenschale, abgerieben
200 g Maismehl
1/2 Päckchen Backpulver
2–3 EL Vollmehl

<u>*Zubereitung:*</u> Margarine, Dotter, Salz, Apfel- oder Birnendicksaft mit der Zitronenschale schaumig rühren und mit Maismehl und Backpulver zu einem Teig vermengen; auf dem Backbrett noch Vollmehl dazugeben, so daß ein nicht zu fester Teig entsteht; diesen dünn auswalken, mit dem Reibeisen ein Muster daraufdrücken, runde Kekse ausstechen und auf befettetem Blech goldbraun backen.

<u>*Zubereitungszeit:*</u> ca. 40 Minuten

Maisschnitten

K

Zutaten:
2 Tassen Maismehl
4 Tassen Wasser
Meersalz
1 Gemüsewürfel
Kräuter nach Belieben

Zubereitung: Maismehl wird in Wasser, dem man einen Gemüsewürfel beigegeben hat, eingerührt und unter ständigem Rühren dick eingekocht; nach dem Kochen kann man auch Kräuter dazumischen; man streicht die Masse etwa daumendick auf ein nasses Brett, schneidet daraus Quadrate, legt diese auf ein befettetes Backblech und bäckt kurz im Rohr.

Zubereitungszeit: ca. 35–40 Minuten

Polenta

K

Zutaten:
1 Teil Maisgrieß
2 Teile Wasser
Meersalz

Zubereitung: Maisgrieß wird in kochendes Wasser eingerührt, mit Meersalz abgeschmeckt und unter ständigem Rühren gekocht, bis die Flüssigkeit verdunstet ist (auf der ausgeschalteten Herdplatte nachdünsten lassen).

Anmerkung: Polenta wird mit Gemüse oder zu Soßen und Salaten gereicht.

Zubereitungszeit: ca. 25 Minuten

Polenta mit Schafkäse

K

Zutaten:
1 Tasse Maisgrieß
3 Tassen Wasser
Meersalz
Margarine
Schafkäse, fein geschnitten
Butter

Zubereitung: Maisgrieß in Wasser einkochen, salzen und 15 Minuten quellen lassen (der Polenta soll ziemlich dünn sein); in eine mit Margarine ausgefettete Form eine Schicht Polenta geben, darauf Schafkäse (oder Brimsen) legen; dies wiederholen, bis die Form voll ist; mit zerlassener Butter übergießen und im Rohr überbacken, bis sich eine gelbe Kruste bildet; zum Servieren aus der Form stürzen.

Zubereitungszeit: ca. 50 Minuten

FISCH

Fische sind gesund und leicht verdaulich – ausgenommen Karpfen, Aale, d. h. fette Fische. Fische sollen nicht paniert und in Fett gebacken werden. Am leichtesten verdaulich sind sie gekocht.
Fische brauchen nur kurze Kochzeit; sie sollen vorsichtig gekocht werden, damit sie nicht zerfallen. Zum Kochen eignet sich am besten ein Fischkocher mit Einsatz, da man so die Fische leichter aus dem Sud heben kann.

Fisch, gegrillt (Grundrezept) E

Zutaten:
Meeres- oder Süßwasserfische
Meersalz
Zitronensaft
etwas Öl

Zubereitung: Kleinere Meeres- oder Süßwasserfische werden ganz, von großen Fischen Schnitzel (Filetstücke, keine oder wenig Gräten), gewaschen, mit Salz und Zitronensaft eingerieben, mit etwas Öl bepinselt und bei mittlerer Stufe gegrillt.

Fisch, gekocht (Grundrezept) E

Zutaten:
Fisch
Salzwasser (Meersalz)
Lorbeerblatt
Pfefferkörner
Suppengrün
Kräuter nach Belieben
Sauerrahm

Zubereitung: Der Fisch soll möglichst ganz in das kochende Salzwasser gelegt werden, dem man Lorbeerblatt, Pfefferkörner, Suppengrün und verschiedene Kräuter beigeben kann (nicht zu viel Wasser nehmen!); den Sud kann man mitessen und eventuell mit Sauerrahm legieren oder mit frischen Kräutern bestreuen.

Fischfond (Grundrezept) E

Zutaten:
Fischabfälle (Schwanzstükke, Köpfe, Gräten)
Meersalz
Karotten, blättrig geschnitten
Petersilienwurzel
Sellerie
Lorbeerblatt
Pfefferkörner
Wacholderbeeren
Gewürznelken
Anis

Zubereitung: Für einen Fischfond verwendet man Fischabfälle wie Gräten, Schwanzstükke, Köpfe usw.; die Stücke werden knapp mit Wasser bedeckt, Karotten, Petersilienwurzel und Sellerie kalt zugestellt, Lorbeerblatt, Pfefferkörner, Wacholderbeeren, einige Gewürznelken und ein paar Körner Anis dazugeben, mit Meersalz würzen und alles kochen lassen, bis das Wurzelwerk weich ist; abseihen; das Wurzelwerk kann man für verschiedene Fischspeisen zum Garnieren verwenden; mit dem Fond wird entweder gleich aufgegossen oder er wird in kleinen Portionen eingefroren.

Zubereitungszeit: ca. 50 Minuten

Barben auf Basilikum E

Zutaten:
Barbensud:
3/4 l trockener Weißwein
1/4 l Mineralwasser
50 g Karotten
60 g Schalotten
30 g Meersalz
Petersilien- u. Selleriestengel
Porree
Lorbeerblatt
Thymian
Pfefferkörner
2 Gewürznelken
Zitronenscheiben
Soße:
2 EL Olivenöl
20 g frisches Basilikum, gehackt
Zitronensaft

Zubereitung: Für den Sud nimmt man Weißwein, Mineralwasser, Karotten, Schalotten, Meersalz, Petersilien- und Selleriestengel, Porree, Lorbeerblatt, Thymian, Pfefferkörner, Gewürznelken und Zitronenscheiben. Den Sud gut durchkochen, die Barben einlegen, aufkochen, vom Feuer nehmen und ca. 15 Minuten simmern lassen; Fische auf einer Platte anrichten, mit Soße überziehen. Mit Zitronenscheiben und Petersilie garnieren.
Soße: Olivenöl mit Basilikum und Zitronensaft gut verrühren.

Zubereitungszeit: ca. 60 Minuten

Fischfilet, gedünstet

(Siehe auch Rezept auf Seite 113)

Besonders exklusiv wird dieses Rezept, wenn Sie noch ein Spargelgemüse und eine erfrischende Soße mit Schnittlauch dazu servieren.
Für die Soße Speisetopfen in eine Schüssel geben und mit etwas Fischsud glattrühren. Zwiebel hacken, Schnittlauch in Röllchen schneiden und unter den Topfen rühren. Mit Kräutersalz, Cayennepfeffer und Zitronensaft abschmecken und kalt oder leicht erwärmt zu den gedünsteten Fischfilets servieren.

Faschierte Laibchen

(Siehe auch Rezept auf Seite 122)

Wenn Sie keine Eiweißmahlzeit möchten, so probieren Sie doch den bunten Nudelsalat im Hintergrund. Die bunten Nudeln in Salzwasser bißfest garen, abschrecken und in eine Schüssel geben. Gemüse nach Wahl und Sorte putzen, in Würfel schneiden und mit den Nudeln vermischen. Aus Buttermilch, Rahm, Senf, Kräutern und Gewürzen ein Dressing rühren und den Nudelsalat damit anmachen. Den Nudelsalat anrichten, ausgarnieren und servieren.

Gefülltes Huhn

(Siehe auch Rezept auf Seite 125)

In der Trennkostküche sollten Sie immer darauf achten, daß Sie zu den Fleisch- und Fischgerichten möglichst Salate und Gemüse als Beilage servieren. So empfehlen wir Ihnen auch hier ganz einfach einen gemischten Salat aus Blattsalaten, Paradeisern, Paprika und einem Dressing aus Früchten zu reichen.

Gemüsegulasch

(Siehe auch Rezept auf Seite 58)

Als Variation bereiten Sie einfach einen Kartoffeleintopf mit Champignons zu. Dazu schwitzen Sie Zwiebeln, Kartoffeln und Karotten in etwas erhitztem Fett an. Danach die Champignons dazugeben, mit einem Schuß Weißwein ablöschen und mit der klaren Suppe auffüllen. Das Ganze ca. 15-20 Minuten garen und kräftig mit Salz, Cayennepfeffer, Rosmarin und Zitronensaft abschmecken. 1 Becher Sauerrahm unterrühren, anrichten, ausgarnieren und servieren.

Haferflockenmüsli

(Siehe auch Rezept auf Seite 25)

Besonders fein wird dieses Müsli mit einem Kefirdressing. Kefir mit Honig und etwas Apfeldicksaft süßen und die Vollkornhaferflocken untermischen. Dieses Müsli läßt sich auch mit anderen Früchten aus der Kohlehydratgruppe zubereiten. Probieren Sie es aus, Sie werden erstaunt sein über die Variationsmöglichkeiten der Müslis.

Grießschmarren

(Siehe auch Rezept auf Seite 100)

Um das Ganze noch zu verfeinern, arbeiten Sie geröstete Mandelblättchen und eingeweichte Rosinen unter. Wer es ein wenig fruchtiger haben will, der kann zu dem Grießschmarren ganz kurz gedünstete Früchte reichen. Für die Leckermäuler können Sie auch eine leichte Vanillecreme zubereiten.

Hirseauflauf

(Siehe auch Rezept auf Seite 94)

So ein Hirseauflauf schmeckt nicht nur süß, sondern auch pikant. Als Variation bieten wir Ihnen einen Hirseauflauf mit Gemüse. Die Hirse wie im Rezept von Seite 94 ausquellen lassen. Zwiebelwürfel und Gemüsewürfel nach Wahl in etwas Butter glasig schwitzen, mit etwas Weißwein ablöschen und würzen.
Mit der Hirse in eine gefettete Auflaufform schichten und mit einer Creme aus Rahm, Eigelb und geriebenem Käse begießen. Im Ofen bei 180-200° 20-25 Minuten backen, herausnehmen, anrichten und servieren.

Kartoffelnudeln

(Siehe auch Rezept auf Seite 78)

Besonders schmackhaft werden die Kartoffelnudeln, wenn sie in etwas Butterschmalz goldgelb ausgebacken werden. Dazu einen gemischten Blattsalat mit einem Kräuterdressing aus Obstessig, Olivenöl, mittelscharfem Senf, frisch gehackten Kräutern, Kräutersalz, Pfeffer aus der Mühle und gekochtem, gehacktem Eigelb reichen.

Hühnerbrust, gegrillt

(Siehe auch Rezept auf Seite 127)

Als Beilage servieren wir ein leckeres Apfelgemüse. Säuerliche Äpfel schälen, entkernen, würfeln und mit etwas Zitronensaft beträufeln. Etwas Butter oder Margarine in einer Pfanne erhitzen und eine gehackte Zwiebel darin glasig schwitzen. Die Apfelstücke dazugeben, kurz mitschwitzen und mit etwas Weißwein ablöschen. Sauerrahm unterrühren und das Ganze ca. 5-8 Minuten dünsten. Kräftig abschmecken und zu dem gegrillten Hühnerbrüstchen servieren.

Lammragout

(Siehe auch Rezept auf Seite 137)

Ganz besonders fein schmeckt dieses Lammragout mit einer Knoblauchsoße und einem Zucchinigemüse. Für das Zucchinigemüse erhitzen Sie etwas Butter oder Margarine in einem Topf. Zwiebelwürfel darin glasig schwitzen und die geputzten und in Würfel geschnittenen Zucchini dazugeben. Mit etwas Weißwein ablöschen und mit klarer Suppe auffüllen. Das Ganze 5-8 Minuten dünsten und kräftig abschmecken. Mit etwas Obers verfeinern und zum Lammragout servieren.

Fischgeschnetzeltes

(Siehe auch Rezept auf Seite 114)

Sehr fein schmeckt das Fischgeschnetzelte mit einer Gemüsesoße. Karotten, Spargel, Lauchstangen und Fisolen je nach Sorte putzen, kleinschneiden und im verbliebenen Fischsud blanchieren. Zwiebelwürfel in etwas Butter oder Margarine erhitzen und das Gemüse darin glasig schwitzen. Mit Sojamehl bestäuben und mit dem Fischsud aufgießen. Kräftig abschmecken und 5-8 Minuten dünsten.
Die Fischwürfel oder Streifen unterheben, nochmals abschmecken und servieren.

Kartoffelpuffer

(Siehe auch Rezept auf Seite 78)

Als Variationen können Sie die Kartoffelplätzchen auch mit anderen Zutaten versehen. Wie z. B. mit rohem Schinken, geraffeltem Gemüse oder auch mit gehackten Kräutern. Die Zutaten einfach unter den Grundteig geben, wie auf Seite 78 beschrieben.

Nudelsalat

(Siehe auch Rezept auf Seite 33)

Versuchen Sie unseren Nudelsalat auch mal mit frischen Blüten, wie z. B. Margeriten, Kapuzinerkresseblüten und Ringelblumen, die Sie bei jedem guten Gemüsehändler bekommen. Sie werden erstaunt sein, wie die Blüten zu Ihrem Nudelsalat harmonieren.

Gemüselaibchen

(Siehe auch Rezept auf Seite 59)

Aus dem Grundteig von Seite 59 lassen sich mehrere Variationen erstellen. Einfach die Karotten durch anderes Gemüse ersetzen. Dazu serviert man ein Spinatgemüse und eine Karottensoße, die Sie aus klarer Suppe, pürierten Karotten und Obers herstellen. Die Suppe erhitzen, die pürierten Karotten unterrühren und kräftig abschmecken. Mit Obers verfeinern und je nach Geschmack mit Johannisbrotkernmehl binden.

Kartoffelsalat

(Siehe auch Rezept auf Seite 31)

Eine unserer Variationen, die wir Ihnen vorschlagen: unter den Salat, wie auf Seite 31 beschrieben, gemischte verlesene Sprossen, Radieschenscheiben und Sonnenblumenkerne mischen. Besonders würzig schmeckt der Salat, wenn Sie den Kartoffelsalat mit einem Dressing aus Sauerrahm, Senf, frischen Kräutern und Gewürzen anmachen.

Hirseschnitzel

(Siehe auch Rezept auf Seite 96)

Zu unserem Rezept servieren Sie eine Schmelzkäsesoße, die wie folgt gemacht wird: Aus Butter und Mehl eine Mehlschwitze rühren, mit kalter, klarer Suppe auffüllen und glattrühren. Kräuterschmelzkäse einrühren und die Soße mit Salz, Cayennepfeffer und einigen Tropfen Zitronensaft abschmecken. Mit etwas Obers verfeinern und mit einem gemischten Salat zu den Hirseschnitzeln servieren.

Curry-Seehecht

E

Zutaten:
Seehecht
Meersalz
Zitronensaft
Zwiebel, geschnitten
kaltgepreßtes Öl
Apfelscheiben
Pfefferkörner (grün)
Curry
Fischfond
Spritzer Weißwein
Zitronenscheiben
Petersilie
Äpfel, gebraten

Zubereitung: Pro Person ein Stück Seehecht waschen, abtrocknen und mit Zitronensaft beträufeln; in einem feuerfesten Topf Zwiebel in Öl dünsten, Apfelscheiben und grüne Pfefferkörner dazugeben; den gesalzenen Fisch darauf legen, mit Curry bestreuen, mit etwas Fischfond (siehe Grundrezept) und Weißwein aufgießen und im Rohr bei mittlerer Hitze dünsten; mit Zitronenscheiben, Petersilie und gebratenen Äpfeln servieren.

Zubereitungszeit: ca. 35–40 Minuten

Fischfilet, gedünstet

E

Zutaten:
Filet von Kabeljau, Rotbarsch, Scholle oder Seelachs
Meersalz
Zitronensaft
Zwiebel, gehackt
Margarine
Petersilie, gehackt
Spritzer Weißwein
Dotter
Sauerrahm

Zubereitung: Pro Person ein Fischfilet salzen und mit Zitronensaft beträufeln; Zwiebel in Margarine glasig dünsten, Petersilie und Weißwein dazugeben, Fischfilet einlegen und vorsichtig dünsten; den Fisch auf eine Platte legen und warm stellen; den Fond mit Dotter und Sauerrahm verrühren, heiß werden lassen und den Fisch damit übergießen.

Zubereitungszeit: ca. 30 Minuten

Fischgeschnetzeltes

E

Zutaten:
500 g Fischfilets ohne Gräten
1 Zwiebel, fein gehackt
kaltgepreßtes Öl
Petersilie, gehackt
Kerbel, gehackt
Meersalz
etwas Sojamehl
Spritzer Weißwein

Zubereitung: Zwiebel in Öl anlaufen lassen; Fischfilets in Streifen schneiden, mit Petersilie und Kerbel ca. 5–10 Minuten auf kleiner Flamme dünsten, salzen, Fisch aus dem Saft nehmen, Sojamehl im Saft kurz andünsten, mit Weißwein oder nur mit Wasser aufgießen und über den Fisch gießen.

Zubereitungszeit: ca. 20–25 Minuten

Fischgulasch

E

Zutaten:
beliebiger Fisch, in Stücke geschnitten
2 Zwiebeln, fein gehackt
kaltgepreßtes Öl
Rosenpaprika
roter, grüner, gelber Paprika, nudelig geschnitten
etwas Pfefferoni, feinst gehackt
Thymian
etwas Sojamehl
1/4 l Sauerrahm
1/4 l Wasser
Meersalz
Zitronensaft
Petersilie, fein gehackt

Zubereitung: 2 mittelgroße Zwiebeln in Öl glasig dünsten, Rosenpaprika, grünen, gelben und roten Paprika, eine Spur Pfefferoni und Thymian dazugeben, mit etwas Sojamehl stauben oer natur belassen; mit 1/4 l Rahm und 1/4 l Wasser oder Fischfond aufgießen, salzen, den Saft einer ungespritzten Zitrone dazugeben und alles gut aufkochen; am besten das Ganze in einer feuerfesten Pfanne (die man auch auf den Tisch stellen kann) dünsten; nun kommt der in nicht zu kleine Stücke geschnittene Fisch dazu (nicht mehr umrühren, da sonst der Fisch zerfällt!); ca. 10–15 Minuten langsam gar dünsten; mit Petersilie bestreuen, mit Rahmtupfen garnieren.

Zubereitungszeit: ca. 40 Minuten

Fischlaibchen

E

<u>*Zutaten:*</u>
500 g Seefisch
1 Ei
Saft von 1/2 Zitrone
1 Zwiebel
kaltgepreßtes Öl
Meersalz
Petersilie, fein gehackt

<u>*Zubereitung:*</u> Den Fisch waschen, durch die Fleischmaschine drehen. Die Zwiebel fein hacken und in etwas Öl glasig dünsten. Alle Zutaten gut vermischen, Laibchen formen und in nicht zu heißem Fett auf beiden Seiten braten. Dazu kann man Gemüse und Salate servieren.

<u>*Zubereitungszeit:*</u> ca. 25 Minuten

Fischsulz

E

<u>*Zutaten:*</u>
Fischabfälle
Zwiebel
Karotten
Petersilienwurzel
Zitronenschale
Lorbeerblatt
Thymian
grüne Pfefferkörner
Wacholderbeeren
Spritzer Essig
Wasser

<u>*Zubereitung:*</u> Fischabfälle mit Zwiebel, Karotten, Petersilienwurzeln, Schale von ungespritzten Zitronen, Lorbeerblatt, Thymian, grünen Pfefferkörnern und Wacholderbeeren, einem Spritzer Essig und Wasser so lange kochen, bis sich das Fleisch von den Gräten löst; das Ganze durch ein Tuch seihen; ist die Sulz nicht klar, ein geschlagenes Eiweiß dazugeben und kurze Zeit weiterkochen; will man farbiges Aspik haben, einen Teil mit dem Saft von roten Rüben oder mit Spinatsaft mischen und zum Garnieren verwenden.

<u>*Zubereitungszeit:*</u> ca. 40–50 Minuten

Forelle blau

E

<u>*Zutaten:*</u>
1 Forelle (ca. 200–250 g)
Weißwein
Salz
Essig
Estragonkraut
Butter

<u>*Zubereitung:*</u> Pro Person 1 Forelle ausnehmen, gut waschen (die Haut nicht verletzen!); in einem Sud von Wasser, Weißwein, Salz, Essig und Estragonkraut ca. 15 Minuten ziehen lassen; vorsichtig aus dem Sud nehmen; vor dem Anrichten mit zerlassener Butter übergießen.

<u>*Zubereitungszeit:*</u> ca. 25 Minuten

Forelle, gedünstet

E

Zutaten pro Person:
1 Forelle
Meersalz
Knoblauchzehe, zerdrückt
Butter
Blätter von Minze, Melisse, Basilikum, Salbei (frisch)

Zubereitung: Forelle putzen, waschen, innen und außen salzen, mit Knoblauch einreiben und in erwärmter Butter im Rohr langsam dünsten; geschmacklich verbessert man die Speise, wenn man in den Bauch des Fisches Blätter von Minze, Melisse, Basilikum und Salbei legt.

Zubereitungszeit: ca. 35 Minuten

Forelle in Aspik

E

Zutaten:
Forellen
Fischsulz
rote Sulz
Zitronenscheiben
Kresse

Zubereitung: Blaugekochte Forellen auskühlen lassen; in eine passende Schüssel etwas Fischsulz (Rezept S. 115) geben, stocken lassen, die Fische mit dem Rücken auf die Sulz legen, nach und nach die restliche Sulz darübergießen, bis sie die Fische bedeckt, und im Kühlschrank fest werden lassen; vor dem Servieren die Form kurz in heißes Wasser tauchen, das Ganze stürzen und mit gehackter roter Sulz, Zitronenscheiben und Kresse garnieren.

Forelle, in der Folie gebraten

E

Zutaten pro Person:
1 Forelle (ca. 200 g)
Zitronensaft
Meersalz
Kräuter (Rosmarin, Salbei, Petersilie, Minze, Thymian)
Butter
Zitronenscheiben

Zubereitung: Die Forelle ausnehmen, waschen, abtrocknen, mit Zitronensaft und Meersalz innen und außen einreiben. Die Kräuter fein hacken und den Fisch damit füllen. Die Folie mit der Butter bestreichen, die Forelle darin einpacken und im Rohr bei ca. 190 Grad (je nach Größe des Fisches) 15–20 Min. braten. Aus der Folie nehmen, mit Zitronenscheiben, Petersiliensträußchen und zartem Gemüse garnieren.

Zubereitungszeit: ca. 35 Minuten

Forelle mit Knoblauch

E

Zutaten pro Person:
1 Forelle (ca. 200 g)
Knoblauchzehe, zerdrückt
Meersalz
Olivenöl
Petersilie
Zitronenscheiben

Zubereitung: Fisch gut waschen, abtrocknen, mit Salz und Knoblauch innen und außen einreiben; Öl in eine feuerfeste Pfanne gießen, Forelle hineingeben und im Rohr ca. 15 Minuten braten. Vorsichtig herausnehmen, auf eine Platte legen, mit Petersilie und Zitronenscheiben garnieren.

Zubereitungszeit: ca. 25 Minuten

Grüne Heringe

E

Zutaten pro Person:
2 grüne Heringe
Meersalz
kaltgepreßtes Öl
Lorbeerblatt
Thymian oder Majoran
Petersilie
Zitronenscheiben

Zubereitung: Heringe ausnehmen, gut waschen, innen und außen salzen; Öl in eine feuerfeste Pfanne gießen, Heringe nebeneinander einschlichten, Lorbeerblatt und Thymian darüberstreuen und zugedeckt im Rohr ca. 30 Minuten braten; mit Petersilie und Zitronenscheiben garnieren.

Zubereitungszeit: ca. 45–50 Minuten

Käse-Fisch-Filet

E

Zutaten:
Fischfilet
Meersalz
Zitronensaft
Zwiebel, fein gehackt
Petersilie, fein gehackt
Salbei oder Minze
Schmelzkäse
Butterflocken

Zubereitung: Ein großes, möglichst grätenloses Filet vom Seelachs oder einem anderen Seefisch waschen, abtrocknen, mit Meersalz und Zitronensaft einreiben, in eine passende gefettete Form legen, mit feingehackter Zwiebel, Petersilie, evtl. etwas Salbei oder Minze bestreuen und im Rohr kurz überdünsten; mit dünnen Scheiben von Schmelzkäse belegen, Butterflocken darauf legen und fertig dünsten.

Zubereitungszeit: ca. 20–25 Minuten

Kräuterfisch

E

Zutaten pro Person:
150–200 g Seefisch
1 kleine Zwiebel
Meersalz
1 KL Butter
Zitronensaft
Basilikum
Kerbel
Dille

Zubereitung: Fisch waschen, trockentupfen, mit Zitronensaft und Salz einreiben. Zwiebel in Ringe schneiden, in der Butter glasig dünsten, herausnehmen und warm stellen. Die Fischstücke ins Fett legen, auf einer Seite ca. 5 Minuten bei nicht zu starker Hitze dünsten lassen, gehackte Kräuter daraufstreuen, umdrehen, noch 4 Minuten dünsten. Auf einer Platte anrichten, mit den Zwiebelringen und Kräutern garnieren.

Zubereitungszeit: ca. 20 Minuten

Pußta-Paprikafisch

E

Zutaten:
Fisch nach Belieben
Zwiebel, fein gehackt
Meersalz
Margarine oder Öl
Knoblauchzehen, zerdrückt
Kümmel
Pfefferoni, fein gehackt
Fischfond
etwas Sojamehl
Karotten
Zucchini
Erbsen
Butter
Petersilie

Zubereitung: Zwiebel in Margarine oder Öl glasig dünsten, Knoblauch, Kümmel und Pfefferoni zugeben; den möglichst grätenfreien Fisch in Stücke schneiden und mit dem Zwiebelgemisch in eine feuerfeste Form legen, etwas Fischfond (Rezept S. 112) mit Sojamehl binden und darübergießen; kleine Häufchen von vorgedünsteten Karotten, Zucchini und Erbsen rundherum legen, mit Butter beträufeln und im Rohr überbacken; vor dem Servieren mit feingehackter Petersilie bestreuen.

Zubereitungszeit: ca. 30–35 Minuten

Reinanke „Annemarie" [E]

<u>*Zutaten pro Person:*</u>
1 Reinanke
Meersalz
Butter
Melisse, Minze, Kerbel, Petersilie, fein gehackt
1 Paradeiser, geschält, gehackt
etwas Sauerrahm

<u>*Zubereitung:*</u> Fisch waschen, schräg auf beiden Seiten einschneiden, salzen, in zerlassener Butter langsam beidseitig braten und vorsichtig auf eine Platte legen; in die Butter die Kräuter und den gehackten Paradeiser rühren und alles über den Fisch gießen; mit einem Tupfen Sauerrahm verzieren.

<u>*Zubereitungszeit:*</u> ca. 30–40 Minuten

Reinanken auf Frühlingszwiebeln [E]

<u>*Zutaten:*</u>
Reinanken
Meersalz
Frühlingszwiebeln, klein geschnitten
Zitronensaft
Butter oder Margarine
grüne Pfefferkörner
Zitronenscheiben

<u>*Zubereitung:*</u> Fische waschen, salzen und mit Zitronensaft beträufeln; Alufolie mit Butter oder Margarine bestreichen, Frühlingszwiebeln und grüne Pfefferkörner darauf verteilen; je einen Fisch darauflegen, einschlagen und im vorgeheizten Rohr 20 Minuten garen; auf eine vorgewärmte Platte legen und mit Zitronenscheiben garnieren.

<u>*Zubereitungszeit:*</u> ca. 30 Minuten

Seefisch mit Gemüse [E]

<u>*Zutaten pro Person:*</u>
1–2 Seefischfilets
Zitronensaft
Meersalz
1 EL kaltgepreßtes Öl oder Margarine
1 Zwiebel, fein gehackt
1 Sellerieknolle
einige Karotten
1 Stange Porree
einige Paprika und Paradeiser
Kräuter nach Belieben

<u>*Zubereitung:*</u> Fischfilets mit Zitronensaft beträufeln, Zwiebel in Fett glasig dünsten. Das in Streifen geschnittene Gemüse dazugeben, salzen und alles weich dünsten. Zum Schluß die gesalzenen Filets darauf legen und alles zugedeckt dünsten lassen, bis der Fisch durch ist. Vor dem Servieren mit feingehackten Kräutern bestreuen; eventuell mit etwas Sauerrahm servieren.

<u>*Zubereitungszeit:*</u> ca. 40 Minuten

Seefisch „Nordsee" E

Zutaten:
Schellfisch, Hecht oder Rotbarsch
Meersalz
Zitronensaft
grüner Pfeffer
Petersilie
Fischfond
Petersilie, Minze, Salbei, klein gehackt
Schuß Bier
Butter
Paradeiser
Zitronenscheiben

Zubereitung: Ein schönes Stück Schellfisch, Seehecht oder Rotbarsch waschen, abtrocknen, mit Meersalz und Zitronensaft innen und außen einreiben; etwas grünen Pfeffer und Petersilie in den Bauch des Fisches geben; den Fisch in eine feuerfeste Form legen, etwas Fischfond (Rezept S. 112) dazugießen und mit kleingehackter Petersilie, Minze und Salbei bestreuen; einen Schuß Bier dazugeben und mit Butterflocken belegen; die Form mit einer Folie abdecken und das Gericht im Rohr dünsten; mit gebratenen Paradeisern und Zitronenscheiben servieren.

Zubereitungszeit: ca. 40–45 Minuten

Ungarisches Fischfilet E

Zutaten pro Person:
1 Filet vom Zander, Hecht oder Waller
Zitronensaft
Meersalz
Öl
Petersilie, fein gehackt
Zitronenschale, abgerieben
roter, grüner und gelber Paprika
Zwiebel, in Scheiben geschnitten
Zucchini, in Scheiben geschnitten
Rosenpaprika
Margarine

Zubereitung: Fischfilets waschen, abtrocknen, mit Zitronensaft einreiben, ca. 15 Minuten ziehen lassen; Öl in einer Pfanne erwärmen, Fisch einlegen, salzen, mit Petersilie und Zitronenschale bestreuen, auf jeder Seite etwa 10 Minuten dünsten (oder im Rohr ca. 20 Minuten); Paprika klein schneiden, Zwiebel und Zucchini mit Rosenpaprika bestreuen, alles in etwas Margarine weich dünsten; Fisch anrichten und mit dem Gemüse garnieren.

Zubereitungszeit: ca. 40 Minuten

FLEISCH

In der Trennkost – wie auch bei anderen Diäten – sollte möglichst wenig Fleisch gegessen werden; zweimal wöchentlich ist vollkommen ausreichend. Vor allem sollten Fische und Hühner auf dem Speisezettel stehen. Verboten sind paniertes, in heißem Fett rasch gebratenes und gegrilltes Fleisch, Schweinefleisch in jeder Form, fettes Fleisch, bei Kranken außerdem Wild, Gänse, Enten, Wildgeflügel und Truthühner.
Erlaubt sind Kalbfleisch, Rindfleisch (nicht von Mastrindern), Lamm- und Schaffleisch, Kaninchen und Hühner (letztere sollten möglichst nicht aus einer Mastanstalt kommen) und vor allem Fische.
Wurst sollte ganz vom Speiseplan gestrichen werden. Selten gibt es einen Fleischhauer, der echte Diätwurst erzeugt. Bei den normalen Wurstsorten finden sich immer Schweinefleisch, Mehlanteile und Würzen, die nicht den Diätvorschriften entsprechen. Nach kurzer Zeit ist man jedoch den im Handel so erhältlichen Fleischwaren entwöhnt, daß man gar keinen Appetit mehr darauf hat.

Faschiertes

Currybraten

E

Zutaten:
200 g Rindfleisch
200 g Kalbfleisch
1 mittlere Zwiebel, fein gehackt
1 Ei
Meersalz
Majoran
Curry
Petersilie, fein gehackt
1 EL Sojagranulat oder
1 Kartoffel, roh gerieben
Sauerrahm

Zubereitung: Es werden wie beim Rezept „Faschierter Braten" (Rezept Seite 123) alle Zutaten gut vermischt, nur wird statt des Paprikapulvers Curry zum Würzen verwendet; anstelle des Sojagranulats kann man auch – wenn erlaubt – eine feingeriebene, rohe Kartoffel daruntermischen; zum Saft mischt man vor dem Anrichten Sauerrahm.

Zubereitungszeit: ca. 45 Minuten

Faschierte Kalbfleischkugeln

E

Zutaten:
500 g Kalbfleisch
1 Zwiebel, fein gehackt
Margarine
Meersalz
2 Knoblauchzehen, zerdrückt
Rosenpaprika
2 EL Mineralwasser
1 Ei
kaltgepreßtes Öl
Gemüsewürfelbrühe
Basilikum, Majoran, Pfefferoni

Zubereitung: 500 g Kalbfleisch – man kann auch einen Teil Schaffleisch dazugeben – faschiert man, dünstet 1 Zwiebel in Margarine, gibt Meersalz, 2 Knoblauchzehen, Rosenpaprika, 2 EL Mineralwasser und 1 Ei dazu, vermischt alles gut und formt zu walnußgroßen Kugeln; man dünstet sie in Öl von allen Seiten, gießt mit etwas Gemüsewürfelbrühe auf, gibt Basilikum, Majoran und eine Spur Pfefferoni dazu und läßt noch kurz aufkochen.

Zubereitungszeit: ca. 50 Minuten

Faschierte Laibchen

E

Zutaten:
200 g Rindfleisch
200 g Kalb-, Kaninchen- oder Schaffleisch
2 EL Sojagranulat
Knoblauchzehen, zerdrückt
Zwiebel, fein gehackt
1 Ei
Meersalz
Majoran, Thymian, Beifuß, Petersilie
etwas Sojamehl

Zubereitung: Fleisch und 2 EL eingeweichtes Sojagranulat faschieren, mit Knoblauch, Zwiebel, 1 Ei, Meersalz, Majoran, Thymian, Petersilie, Beifuß oder Basilikum und etwas Sojamehl mischen, Laibchen formen und auf einem gefetteten Blech im Rohr backen; nach der halben Bratzeit wenden.

Tip: Kleinere Mengen kann man auch in der Pfanne zubereiten.

Zubereitungszeit: ca. 30 Minuten

Faschierter Braten

E

Zutaten:
200 g Rindfleisch
200 g Kalbfleisch
1 mittlere Zwiebel, klein geschnitten
1 Ei
Meersalz
Majoran
Rosenpaprika
Petersilie, fein gehackt
1 EL Sojagranulat
Sojamehl
etwas Öl
Gemüsebrühe

Zubereitung: Fleisch faschieren, mit Zwiebel, Ei, Meersalz, Majoran, Rosenpaprika, Petersilie und eingeweichtem Sojagranulat gut vermischen; auf ein Brett etwas Sojamehl geben, aus der Fleischmasse einen Wecken formen, in eine feuerfeste Form etwas Öl geben, den Wecken einlegen und im Rohr ca. 30 Minuten dünsten lassen; eventuell etwas Wasser oder Gemüsebrühe nachgießen.

Zubereitungszeit: ca. 45 Minuten

Faschierte Röllchen mit Gemüse

E

Zutaten:
500 g Faschiertes (vom Rind)
1 Ei
Meersalz
4 Knoblauchzehen, zerdrückt
Petersilie, fein gehackt
kaltgepreßtes Öl
gedünstetes Gemüse nach Wahl

Zubereitung: Faschiertes mit etwas Wasser, Ei, Salz, Knoblauchzehen und Petersilie (eventuell auch Basilikum) vermengen und ca. 2 Stunden rasten lassen; Röllchen formen, in Öl braten und mit verschiedenem, gedünstetem Gemüse garnieren.

Zubereitungszeit: ca. 40 Minuten

Faschiertes, südländisch

E

Zutaten:
500 g Faschiertes (vom Rind)
2 Zwiebeln, fein geschnitten
kaltgepreßtes Öl
4 Paradeiser
2 Knoblauchzehen, zerdrückt
Pfefferoni
Majoran, Oregano, Ysop
2–3 EL Apfelessig
1/8 l Wasser

Zubereitung: Zwiebel in Öl glasig andünsten, 4 mittlere, gut reife, in Achtel geschnittene Paradeiser, Knoblauchzehen, feinstgehackte, frische oder in Salz eingelegte Pfefferoni, Majoran, Oregano und Ysop dazugeben; mit 2–3 EL Apfelessig ablöschen und Rindfleisch (mager) und 1/8 l Wasser dazugeben; man läßt alles zugedeckt ca. 30 Minuten dünsten, bis die Flüssigkeit ziemlich eingekocht ist.

Zubereitungszeit: ca. 45 Minuten

Gefüllte Paprika

E

Zutaten:
4 Paprikaschoten
250 g gemischtes Faschiertes
frische Bohnen
Sojagranulat
Petersilie, fein gehackt
Zwiebel, klein geschnitten
3 Knoblauchzehen, zerdrückt
Rosenpaprika
Majoran
Meersalz
1 Dotter
Paradeiser
1 kleine Kartoffel
Sojamehl
Butter oder Margarine

Zubereitung: Paprika werden ausgehöhlt und mit folgender Fülle gefüllt: Fleisch (wenn möglich Rind- und Kalbfleisch gemischt) und – wenn vorhanden – frische, ausgelöste Bohnen werden faschiert und etwas eingeweichtes Sojagranulat dazugegeben, weiters Petersilie, Zwiebel, Knoblauch, etwas roten Paprika, Majoran, Salz und 1 Dotter; alles wird gut vermischt und in die Paprika gefüllt. Paradeiser werden im Mixer püriert (im Winter werden eingerexte oder eingefrorene Paradeiser verwendet), in eine Pfanne gegeben und die Paprika darin weich gedünstet; man kann auch eine kleine Kartoffel hineinreiben oder mit etwas Sojamehl eindicken und noch kurz dünsten lassen; vor dem Servieren wird ein Stückchen Butter oder Margarine dazugegeben.

Zubereitungszeit: ca. 60–70 Minuten

Huhn

Faschierte Hühnerlaibchen

E

Zutaten:
Hühnerfleisch, gekocht oder gebraten
1 EL Sojagranulat
1 Ei
Zwiebel, fein gehackt
Knoblauchzehe, gehackt
Petersilie, fein gehackt
Basilikum, Rosmarin
Meersalz
kaltgepreßtes Öl

Zubereitung: Reste von gekochtem oder gebratenem Hühnerfleisch faschieren, mit Sojagranulat, Ei, Zwiebel, Knoblauch, Petersilie, Basilikum, Rosmarin und etwas Meersalz gut abmischen; Laibchen formen und in Öl braten oder im Rohr am Blech backen.

Zubereitungszeit: ca. 30 Minuten

Gefülltes Huhn im Römertopf

E

Zutaten:
1 junges Huhn
faschiertes Kalbfleisch
Sojagranulat
Meersalz
grüner Pfeffer
Basilikum, Muskat, Majoran, Petersilie, Rosmarin
Zwiebel, in Scheiben geschnitten
Meersalz
Rosenpaprika
Rosmarin
Karotten, Sellerie, grob geschnitten
Zwiebel, geviertelt
Knoblauchzehen
Weißwein

Zubereitung: Aus faschiertem Kalbfleisch, etwas eingeweichtem und faschiertem Sojagranulat, Meersalz, grünem Pfeffer, Basilikum, Muskat, Majoran, Petersilie, Rosmarin und angedünsteten Zwiebelscheiben eine Fülle bereiten und diese sehr gut abmischen; ein vorbereitetes Hühnchen damit füllen, mit Salz, Paprika und Rosmarin würzen und dieses in einen Tontopf geben, der 20 Minuten lang in kaltes Wasser gestellt wurde; Karotten, Sellerie, Zwiebelstücke und einige Knoblauchzehen rundherum legen und salzen; mit Weißwein aufgießen, zudecken und in den kalten Backofen stellen; ca. 90 Minuten bei 225 Grad braten.

Zubereitungszeit: ca. 120 Minuten

Gewürzhuhn

E

Zutaten:
1 junges Huhn
1 Zwiebel, geschnitten
2 Knoblauchzehen
1 säuerlicher Apfel
Margarine
2 KL Curry
2 KL Rosenpaprika
etwas Muskat
2 Paradeiser
1/2 l Wasser
Apfelessig
100 g Mandeln, abgezogen, gehackt
Gewürzgurkerln

Zubereitung: Huhn in 10–12 Stücke teilen, Zwiebel, Knoblauch und Apfel klein schneiden, in Margarine leicht andünsten, Curry, Rosenpaprika und Muskat zugeben, kurz durchmischen; Paradeiser, Wasser, Apfelessig und die Hühnerteile beigeben und ca. 30 Minuten dünsten; knapp vor Kochende werden die gehackten Mandeln daruntergemischt und mit Gewürzgurkerln oder Mixed Pickles serviert.

Zubereitungszeit: ca. 45–50 Minuten

Hühnerbrust, gefüllt

E

Zutaten:
Hühnerbrust
Broccoli, gedünstet
Zwiebel, fein gehackt
Butter
Knoblauchzehen, zerdrückt
Meersalz
Rosenpaprika
etwas Weißwein

Zubereitung: Gedünstete Broccoli mit in Butter angedünsteten Zwiebeln vermischen, kurz dünsten lassen, mit Knoblauchzehen, Meersalz und Paprika abschmecken und auskühlen lassen; entbeinte Hühnerbrüste seitlich einschneiden und füllen; mit einem Zahnstocher die Öffnung schließen, mit Meersalz und Paprika würzen, in eine gebutterte feuerfeste Form geben und im Rohr zugedeckt dünsten lassen; nach etwa 20 Minuten mit etwas Weißwein aufgießen.

Zubereitungszeit: ca. 50–60 Minuten

Hühnerbrust, gegrillt

E

Zutaten:
4 halbe Hühnerbrüste
2 EL kaltgepreßtes Öl
1 KL Zitronensaft
1/2 KL Meersalz
Thymian
Rosmarin
Majoran
Meersalz

Zubereitung: Von den Brüstchen trennt man die Haut ab, die anderen Zutaten vermischt man zu einer Marinade, legt das Fleisch hinein, läßt es einige Zeit ziehen und dreht es um. Nach ca. 1 Stunde legt man die Brüstchen auf den Griller und grillt sie auf beiden Seiten. Dazu reicht man Salat oder gedünstetes Gemüse, dem man nur etwas Butter und Salz hinzugefügt hat.

Zubereitungszeit: ca. 90 Minuten

Hühnerbrust in Gelee

E

Zutaten:
4 Hühnerbrüste
Zwiebel, gehackt
1/4 l Weißwein
Meersalz
3/8 l Gemüsewürfelbrühe
10 Blatt Gelatine
4 große oder 5 kleine Paradeiser, geviertelt
3 Pfirsiche, in Scheiben geschnitten
Petersilie

Zubereitung: Hühnerbrüste enthäuten und in einer Brühe aus Zwiebel, Wein und Salz 8 Minuten köcheln lassen; Fleisch herausnehmen, Brühe erkalten lassen, Fett abschöpfen, Gemüsebrühe zugießen, alles erwärmen, in Wasser eingeweichte Gelatine darin auflösen, abseihen und auskühlen lassen; in eine Kastenform 1 cm hoch Gelee füllen, fest werden lassen; klein geschnittenes Hühnerfleisch, Paradeiser, Pfirsiche und Petersilie daraufschichten und mit Gelee auffüllen; über Nacht erstarren lassen, dann die Form in heißes Wasser tauchen und auf eine Platte stürzen.

Hühnerbrust, überbacken

E

Zutaten:
Hühnerbrust, entbeint
Meersalz
Sojamehl
Butter oder Margarine
eine Scheibe Käse
Parmesan
Hühner- oder Gemüsebrühe

Zubereitung: Hühnerbrust zwischen Pergamentpapier legen und vorsichtig flach klopfen; salzen, in Sojamehl tauchen und in Butter oder Margarine auf beiden Seiten kurz braten; in eine feuerfeste, ausgebutterte Form geben, Käse darauf legen, mit Parmesan bestreuen und etwas Hühner- oder Gemüsebrühe zugeben; unbedeckt ca. 10 Minuten im Rohr überbacken.

Zubereitungszeit: ca. 30–35 Minuten

Hühnergeschnetzeltes

E

Zutaten:
2 Hühnerbrüste
Meersalz
Sojamehl
Knoblauchzehen, zerdrückt
Margarine
Rosmarin
1/8 l Obers
50 g Butter
1 KL Rosenpaprika
Petersilie
Zitronenscheiben

Zubereitung: 2 Hühnerbrüste in dünne Scheiben schneiden, salzen, in Sojamehl wälzen und mit Knoblauchzehen in Margarine dünsten; Rosmarin dazugeben und das Fleisch herausnehmen; Obers, Butter und Paprika in die Soße geben und das Fleisch darin wieder erhitzen; mit Petersilie und Zitronenscheiben garnieren.

Zubereitungszeit: ca. 25–30 Minuten

Hühnerschnitzerl (natur)

E

Zutaten:
Hühnerbrüstchen
Meersalz
Butter
Petersilie, gehackt

Zubereitung: Die Hühnerbrüstchen werden vorsichtig von den Knochen gelöst (falls sie zu dick sind, werden sie durchgeschnitten), leicht geklopft und gesalzen; sie werden in Butter auf beiden Seiten angedünstet, mit etwas Wasser aufgegossen, weich gedünstet und mit gehackter Petersilie bestreut.

Zubereitungszeit: ca. 20–25 Minuten

Hühnertopf

E

Zutaten:
1 Suppenhuhn
1,5 l Wasser
1 KL Meersalz
Wacholderbeeren
Pfefferkörner
1 Lorbeerblatt
1 kleine Sellerieknolle
4 kleine Karotten
1 Petersilienwurzel
1 Stange Porree
1 kleiner Kohlkopf
Schnittlauch, fein geschnitten

Zubereitung: Das ausgenommene Huhn gut waschen, in 4 Stücke zerlegen; in das kochende Wasser geben, salzen, Wacholder- und Pfefferkörner und das Lorbeerblatt beifügen und halb weich kochen lassen, eventuell im Dampftopf, damit es schneller geht. Das Gemüse hinzufügen, alles weich kochen. Das Fleisch von den Knochen und der Haut lösen, in Streifen schneiden, das Gemüse in Streifen oder Würfel schneiden. Von der Suppe das Fett abschöpfen (man kann es zu anderen Speisen verwenden), Fleisch und Gemüse wieder beigeben und nochmals erwärmen. Reichlich mit Schnittlauch bestreuen.

Zubereitungszeit: ca. 90 Minuten

Kaltes Huhn auf gemischtem Salat

E

Zutaten:
gebratene Hühnerbrüste
Blattsalate
Paradeiser
Paprika
Essiggurkerln
Maiskörner
Obstessig
1 EL kaltgepreßtes Öl
Meersalz

Zubereitung: Salatblätter waschen, zerpflükken; Paradeiser achteln oder in Scheiben schneiden, Paprika in Streifen schneiden; frische, gekochte oder eingefrorene Maiskörner, Salz, Essig, Öl vermischen. Den Salat auf einer Platte anrichten, die in Scheiben geschnittenen gebratenen Hühnerbrüstchen daneben fächerartig auflegen, mit Gurkerlfächern und Paradeisscheiben garnieren.

Zubereitungszeit: ca. 20 Minuten

Paprikahuhn

E

<u>*Zutaten:*</u>
1 junges Huhn
kaltgepreßtes Öl
Zwiebel, gehackt
Knoblauch, zerdrückt
Meersalz
Rosenpaprika
Majoran oder Thymian
Hühnersuppe

<u>*Zubereitung:*</u> Zwiebel in Öl andünsten, Knoblauch zugeben, Huhn zerteilen, zu den Zwiebeln geben, salzen, mit Paprika, Majoran oder Thymian würzen und mit so viel Hühnersuppe aufgießen, daß das Fleisch nicht ganz bedeckt ist; nun das Huhn weich dünsten, herausnehmen und in schöne Stükke schneiden, den Saft passieren und dazu reichen.

<u>*Zubereitungszeit:*</u> ca. 80–90 Minuten

Kalb

Husarenkoteletts

E

<u>*Zutaten:*</u>
1 Kalbskotelett pro Person
Margarine
Sellerieknolle, Petersilienwurzel, Karotten, grüne und rote Paprika, geschnitten
Zwiebel, klein gehackt
1 Pfefferoni, fein gehackt
Knoblauchzehe, zerdrückt
Salbeiblätter
Meersalz

<u>*Zubereitung:*</u> Etwas Margarine in eine feuerfeste Form geben, darauf das nudelig geschnittene Gemüse (ca. 1 cm hoch); darüber streut man Zwiebel, Pfefferoni, Salbeiblätter und Knoblauch; nun wird das geklopfte und gesalzene Kalbskotelett auf den Sockel gelegt und zugedeckt im Rohr etwa 1 Stunde gedünstet.

<u>*Zubereitungszeit:*</u> ca. 90 Minuten

Kalbsgulasch

[E]

<u>*Zutaten:*</u>
Kalbsschulter
Zwiebeln, fein gehackt
kaltgepreßtes Öl
Meersalz
Rosenpaprika
Sauerrahm

<u>*Zubereitung:*</u> Zwiebeln (ca. die Hälfte des Fleischgewichts) in Öl glasig dünsten, Paprika und das würfelig geschnittene Fleisch zugeben, mit Wasser aufgießen, salzen und weich dünsten; vor dem Servieren rührt man Sauerrahm ein.

<u>*Tip:*</u> Will man die Soße sämiger haben, rührt man etwas Sojamehl in den Sauerrahm und läßt nochmals kurz aufkochen.

<u>*Zubereitungszeit:*</u> ca. 40–45 Minuten

Kalbskoteletts mit Wurzeln und Kräutern

[E]

<u>*Zutaten:*</u>
1 Kotelett pro Person
Meersalz
Sojamehl
Margarine oder Butter
Sellerieknolle
gelbe Rübe oder Karotte
Petersilie, Kerbelkraut, Sauerampfer, geschnitten
Zitronensaft
Gemüsewürfelbrühe
1–2 EL Sauerrahm

<u>*Zubereitung:*</u> Kotelett waschen, vorsichtig klopfen, Haut mehrmals einschneiden, salzen, mit Sojamehl bestauben und in Fett leicht andünsten; in einer anderen Pfanne Fett erwärmen, Wurzeln und Kräuter darin mit etwas Wasser dünsten, das Fleisch und etwas Zitronensaft dazugeben, mit Gemüsewürfelbrühe aufgießen und 45 Minuten langsam dünsten, bis das Fleisch weich ist; dann Kotelett herausnehmen und warmstellen; Soße passieren oder im Mixer pürieren und, wenn nötig, noch etwas Flüssigkeit dazugeben; zum Schluß den Sauerrahm unterrühren.

<u>*Zubereitungszeit:*</u> ca. 70–80 Minuten

Kalbskoteletts (natur) E

Zutaten:
1 Kotelett pro Person
Meersalz
Butter oder Margarine
etwas Zitronensaft

Zubereitung: Kotelett salzen, in erwärmter Butter oder Margarine andünsten, mit etwas Wasser aufgießen und zugedeckt langsam dünsten lassen, öfters wenden und wenig Wasser nachgießen; mit ein wenig Zitronensaft würzen.

Zubereitungszeit: ca. 45 Minuten

Kalbsrollbraten, gefüllt E

Zutaten:
1,5 kg Kalbsschulter
2 Paar Kalbsbratwürste
100 g Blattspinat
Petersilie, fein gehackt
Meersalz
1 EL kaltgepreßtes Öl

Zubereitung: Fleisch kurz waschen, mit Küchenkrepp abtrocknen. Der Faser nach einmal von oben und einmal von unten bis auf 1 cm durchschneiden, so daß eine möglichst große Fläche entsteht. Das Fleisch salzen, mit den überbrühten Spinatblättern belegen, Bratwürste aus der Haut auf das Fleisch streichen, Petersilie daraufstreuen, zusammenrollen. Rolle in Öl etwas anbraten, damit sich die Poren schließen. Mit einer Folie abdecken und ca. 90 Minuten im Rohr braten. 15 Minuten vor Ende der Bratzeit Folie abnehmen, damit das Fleisch eine schöne Farbe bekommt.

Tip: Durch das Abdecken mit der Folie erspart man sich das oftmalige Übergießen mit dem Saft.

Zubereitungszeit: ca. 150 Minuten

Kalbsschnitzerln (natur) E

Zutaten:
Kalbsschnitzerln
Meersalz
Sojamehl
Butter

Zubereitung: Dünne Kalbsschnitzerln werden von der Haut befreit, leicht geklopft, gesalzen und auf einer Seite mit etwas Sojamehl gestaubt; ein Stückchen Butter erwärmen, die Schnitzerln mit der bemehlten Seite einlegen, kurz anbraten, wenden (die Butter darf nicht braun werden), mit etwas Wasser aufgießen und die Schnitzerln in der Soße langsam weich dünsten.

Zubereitungszeit: ca. 30 Minuten

Kaninchen

Falscher Wildhase E

Zutaten:
Rücken und Läufe eines Kaninchens
1 KL Meersalz
1 Stück Sellerie
1 Karotte
1 Petersilienwurzel
1 Stange Porree
1 Zwiebel, ringelig geschnitten
einige Pfefferkörner
einige Wacholderbeeren
1 Lorbeerblatt
Sauerrahm
Essig

Zubereitung: Für die Beize schneidet man das Gemüse blättrig, gibt die Zwiebelringe, das Lorbeerblatt und die Körner dazu, salzt und kocht alles in ca. 1/2 l Wasser, bis das Gemüse weich ist; nach Geschmack mit Essig abschmecken. Die Beize wird erkaltet über die Wildhasenteile gegossen und einen Tag stehen gelassen (ist das Tier sehr jung, erübrigt sich das Einbeizen; man gießt dann nur mit der Beize auf); Fleisch in wenig Beize dämpfen; vor dem Servieren mit Sauerrahm und etwas Essig verfeinern.

Kaninchen

E

Zutaten:
1 Kaninchen
Margarine
Salbei
Beifuß oder Quendel
Pimpernelle
Knoblauch
Maggikraut
Meersalz
Sauerrahm
Sojamehl

Zubereitung: Kaninchen zerteilen, salzen, mit etwas Wasser und Margarine in eine feuerfeste Form geben, mit Salbei, Beifuß, Pimpernelle und etwas Maggikraut würzen und im Rohr weich dünsten; den Saft kann man natur belassen oder mit etwas Sauerrahm und Sojamehl eindicken.

Tip: Das Vordere des Kaninchens kann man für Faschiertes oder für ein Ragout verwenden.

Zubereitungszeit: ca. 70–80 Minuten

Kaninchenragout

E

Zutaten:
Vorderes eines Kaninchens
Wurzelwerk (Karotte, Petersilie, Porree, Sellerie)
Meersalz
Margarine
Salbei
grüner Pfeffer
Liebstöckel
Sojamehl
Sauerrahm
Essiggurkerln

Zubereitung: Man schneidet das Fleisch in Würfel, salzt und dünstet es mit kleingeschnittenem Wurzelwerk in Margarine weich, würzt es mit Salbei, grünem Pfeffer und etwas Liebstöckel und dickt es mit Sauerrahm und Sojamehl ein; vor dem Servieren kann man blättrig geschnittene Essiggurkerln zugeben.

Lamm

Lammfleisch ist das Fleisch von Tieren, die nicht älter als sechs Monate sein sollen. Das Fleisch älterer Tiere (Hammel- oder Schaffleisch) ist nicht mehr so zart, jedoch für gedünstete, gekochte, faschierte Speisen gut zu verwenden. Lammfleisch ist leicht verdaulich und daher magenschonend. Wenn möglich, sollte man frisches Fleisch inländischer Lämmer kaufen. Sie sind die meiste Zeit des Jahres auf der Weide, wo sie noch Futter finden, das nicht künstlich gedüngt wurde.

Herbstlicher Lammeintopf E

Zutaten:
750 g Lammfleisch
Meersalz
2 Zwiebeln
2 Stangen Porree
1 kleine Sellerieknolle
250 g Karotten
250 g Erbsen
1 Petersilienwurzel
200 g Kohlsprossen
2 Knoblauchzehen
Petersilie, fein gehackt

Zubereitung: Das Fleisch in kochendes Wasser geben, salzen und bei nicht zu großer Hitze halbweich kochen lassen. Dann fügt man das Gemüse hinzu und kocht alles zusammen weich. Das Fleisch nimmt man heraus, schneidet es in Streifen oder Würfel, gibt es wieder in den Eintopf und bestreut mit fein gehackter Petersilie.

Zubereitungszeit: ca. 60–70 Minuten

Irish-Stew E

Zutaten:
Lammfleisch
Meersalz
Karotten
Knoblauchzehen
Lorbeerblatt
Pfefferkörner

Zubereitung: Fleisch in Portionen schneiden, salzen, mit ganzen Zwiebeln, Karotten, mehreren Knoblauchzehen, Lorbeerblatt und Pfefferkörnern und so viel Wasser in eine feuerfeste Form geben, bis das Fleisch bedeckt ist; im Rohr dünsten, bis das Fleisch und das Gemüse weich ist; mit der Suppe und dem Gemüse servieren.

Zubereitungszeit: ca. 40–50 Minuten

Lammgeschnetzeltes

E

Zutaten:
500 g Lammschlögel
2 mittelgroße Zwiebeln
2–3 Knoblauchzehen
kaltgepreßtes Öl
Meersalz
1 EL Sojamehl
Schuß Weißwein oder Mineralwasser

Zubereitung: Fleisch in feine Streifen schneiden, Zwiebeln in Öl andünsten, Knoblauchzehen, Salz und Sojamehl unter ständigem Rühren zugeben, mit Wein oder Mineralwasser ablöschen, mit Suppe aus Kalbs- oder Lammknochen aufgießen, so daß das Fleisch bedeckt ist; so lange dünsten, bis der Saft eingedickt ist.

Zubereitungszeit: 35–40 Minuten

Lammgulasch

E

Zutaten:
1 kg Junglammschulter
300 g Zwiebeln
kaltgepreßtes Öl
1–2 grüne Paprika
Meersalz
etwas Pfefferoni
Salbeiblätter
1 roter Paprika

Zubereitung: Zwiebeln nudelig schneiden und in Öl leicht andünsten, kleingeschnittene grüne Paprika dazugeben, mitdünsten; inzwischen Fleisch vom Knochen lösen und in kleine Würfel schneiden; in Öl andünsten, salzen, Vorgedünstetes dazumischen, Pfefferoni, Salbeiblätter und roten Paprika zugeben und alles weich dünsten.

Tip: Gibt man das Gulasch in eine feuerfeste Form, kann man es im Backrohr fertigdünsten.

Zubereitungszeit: ca. 45–50 Minuten

Lammkoteletts

E

Zutaten:

pro Person 1 Kotelett vom ganzen Rücken oder 2 vom geteilten
Knoblauchzehen, zerdrückt
Meersalz
kaltgepreßtes Öl

Zubereitung: Koteletts gut mit Knoblauch und Salz einreiben. Man kann sie grillen oder braten. Auf einem offenen Grill mit Holzkohlenfeuer ist es anzuraten, die Koteletts auf eine Folie zu legen, weil sie dann nicht so schwarz vom Ruß werden und gesünder sind. Gebraten werden sie in etwas Öl, ca. 5 Minuten auf jeder Seite.

Tip: Man kann die Koteletts auch weich dünsten, indem man Zwiebeln in Ringe schneidet, diese in Margarine dämpft, die gesalzenen Koteletts darauf legt, sie etwas andünstet, mit Suppe oder Gemüsebrühe aufgießt und weich dünstet.

Zubereitungszeit: ca. 20–30 Minuten

Lammragout

E

Zutaten:

1 kg Lammschulter
3 Zwiebeln
1 EL kaltgepreßtes Öl
4 grüne Paprika
4 rote Paprika
1 KL Meersalz
Gemüsebrühe
250 g Champignons
300 g Paradeiser
3 Knoblauchzehen, zerdrückt
Petersilie, fein gehackt

Zubereitung: Zwiebeln klein schneiden, in Öl andünsten. Das würfelig geschnittene Fleisch, die geschnittenen Paprika und Salz dazugeben, weich dünsten, nach Bedarf etwas Gemüsebrühe zugießen. Knapp vor Fertigstellung gibt man die blättrig geschnittenen Pilze und die geschälten Paradeiser sowie den Knoblauch dazu. Vor dem Servieren feingehackte Petersilie daraufstreuen.

Zubereitungszeit: ca. 35–40 Minuten

Lammschlögel

E

Zutaten:
1 Lammkeule
Meersalz
Knoblauchzehen, zerdrückt
Salbei
Rosmarin oder Basilikum
kaltgepreßtes Öl

Zubereitung: Lammkeule waschen, abtrocknen, gut mit Salz und Knoblauch einreiben, mit Salbei, Rosmarin und/oder Basilikum in eine Pfanne legen, etwas Wasser zugießen und im Rohr ca. 1,5–2 Stunden, mit Folie abgedeckt, braten. Die letzte Viertelstunde Folie abnehmen, so daß das Fleisch eine schöne Farbe bekommt.

Zubereitungszeit: ca. 100–120 Minuten

Rind

Faschiertes Rindfleisch

E

Zutaten:
500 g Faschiertes
1 EL kaltgepreßtes Öl
1 Zwiebel, fein gehackt
3 Knoblauchzehen, zerdrückt
1 KL Meersalz
Thymian, Basilikum, Petersilie, fein gehackt
1/8 l Sauerrahm

Zubereitung: Zwiebel in Öl glasig dünsten, Knoblauch, Salz und Faschiertes zugeben, gut durchrösten. Die feingehackten Kräuter untermischen, alles ca. 15–20 Minuten dünsten lassen; wenn nötig, Wasser zugießen. Der Saft soll sich ziemlich einkochen. Vor dem Anrichten Rahm darübergießen oder gesondert dazu servieren.

Zubereitungszeit: ca. 35–40 Minuten

Geschnetzeltes Rindfleisch

E

Zutaten:
400 g Beiried
kaltgepreßtes Öl
Zwiebel, in Scheiben geschn.
Knoblauchzehen, zerdrückt
500 g Chinakohl
1 roter Paprika
Gemüsebrühe
Meersalz
Sojasoße

Zubereitung: Beiried in hauchdünne Scheiben schneiden, in Öl anbraten, herausnehmen; Zwiebel und Knoblauch im Öl dünsten, in Streifen geschnittenen Chinakohl und Paprika mitdünsten, mit Gemüsebrühe aufgießen, mit Salz und Sojasoße abschmekken und einige Minuten kochen lassen, das Fleisch im Gemüse nur erwärmen.

Zubereitungszeit: ca. 30–35 Minuten

Majoranfleisch

E

Zutaten:

1 kg Rindfleisch
500 g Zwiebeln, fein gehackt
Öl
1 KL Majoran
1 KL Kümmel
2–3 Knoblauchzehen, fein gehackt
Meersalz
1 EL Obstessig
1–2 Paradeiser
1 EL Sojamehl
etwas Sauerrahm

Zubereitung: Zwiebeln in Öl andüsten, Fleisch in dünne Streifen schneiden, zu den Zwiebeln geben und andünsten; Majoran, Kümmel, Knoblauch, Salz, Obstessig und geschälte, in Scheiben geschnittene Paradeiser zugeben und weich dünsten; will man den Saft dicker haben, Sojamehl in wenig Wasser anrühren und zum Saft geben; kurz aufkochen lassen, vor dem Servieren mit etwas Sauerrahm legieren.

Zubereitungszeit: ca. 40–45 Minuten

Matrosenfleisch

E

Zutaten:

750 g Rindfleisch
250 g Zwiebeln, fein gehackt
kaltgepreßtes Öl
Schuß Obstessig
Meersalz
Kümmel
Majoran
1 Lorbeerblatt
Karotte, Petersilienwurzel, geraffelt
Sellerieknolle, geraffelt
2 EL Paprikawürze
2 Knoblauchzehen, gehackt
1 Essiggurke, klein gehackt
2 EL Sauerrahm

Zubereitung: Zwiebeln in Öl glasig dünsten, mit Obstessig ablöschen; Rindfleisch dünnblättrig schneiden, Salz, Kümmel, Majoran, Lorbeerblatt und Wurzelwerk zugeben, kurz durchrösten; mit Wasser aufgießen, Paprikawürze und Knoblauch dazugeben und alles weich dünsten; vor dem Servieren Essiggurke und Sauerrahm darübergeben.

Zubereitungszeit: ca. 40–45 Minuten

Oberösterreichischer Mostbraten

E

Zutaten:

1 kg Rindsbraten
Wurzelwerk
Zwiebel, geschnitten
Lorbeerblatt
Pfefferkörner
Wacholderbeeren
1/2 l Apfelmost oder -wein
Meersalz
Majoran
Senf
Öl
1/8 l Sauerrahm
1 EL Sojamehl

Zubereitung: 1/4 l Wasser mit Wurzelwerk (Karotte, Petersilienwurzel, gelbe Rübe, Sellerieknolle und Porree), Zwiebel, Lorbeerblatt, Pfefferkörnern und Wacholderbeeren ca. 15 Minuten kochen und auskühlen lassen; Apfelmost oder -wein zugeben, Rindsbraten einlegen und 3 Tage beizen lassen; Fleisch herausnehmen, abtropfen lassen, mit Salz, Majoran und Senf einreiben, in Öl andünsten, mit der Beize aufgießen, weich dünsten; die Soße mit in Sauerrahm eingerührtem Sojamehl binden.

Ochsenschlepp

E

Zutaten:

ca. 1 kg Ochsenschlepp, in Scheiben gehackt
2 Zwiebeln, gehackt
kaltgepreßtes Öl
Meersalz
Pfefferkörner
Wacholderbeeren
1 Lorbeerblatt
1 Bund Suppengrün
einige Kraut- oder Kohlblätter
Schuß Weißwein
Petersilie, fein gehackt

Zubereitung: Ochsenschleppscheiben mit Zwiebeln in Öl andünsten, mit Wasser aufgießen, salzen, mit Pfefferkörnern, Wacholderbeeren und dem Lorbeerblatt ca. 30 Minuten kochen; dann Suppengrün zugeben und eine weitere Stunde kochen, bis das Fleisch weich ist; inzwischen kocht man Kraut- oder Kohlblätter und schneidet sie nudelig; nun löst man das Fleisch von den Knochen, schneidet es mundgerecht, gibt es mit dem ebenfalls geschnittenen Suppengrün zu den Krautblättern, seiht die Suppe darüber, schmeckt mit Weißwein ab und streut zuletzt die Petersilie darüber.

Tip: Will man die Speise noch reichhaltiger haben, gibt man Eingetropftes von 1 Ei und Sojamehl hinein.

Zubereitungszeit: ca. 120 Minuten

Pichelsteiner Eintopf

E

Zutaten:
Rindfleisch
kaltgepreßtes Öl
Meersalz
Gemüse nach Belieben
Knoblauchzehen, zerdrückt
Majoran
Basilikum

Zubereitung: Fleisch in größere Würfel schneiden, in Öl andünsten, salzen, mit genügend Wasser aufgießen und halb weich dünsten; verschiedene Gemüse der Saison in Stücke schneiden, zum Fleisch geben, alles weich dünsten, mit den Gewürzen abschmecken.

Zubereitungszeit: ca. 40–45 Minuten

Pußta-Rostbraten

E

Zutaten:
1 kg Rostbraten
Meersalz
Majoran oder Thymian
kaltgepreßtes Öl
1 Zwiebel, fein gehackt
2–3 Knoblauchzehen, gehackt
gelbe, rote und grüne Paprikaschoten
etwas Pfefferoni, klein gehackt
einige Paradeiser

Zubereitung: Fleisch salzen, mit Majoran oder Thymian einreiben, in Öl auf beiden Seiten andämpfen (nicht braun braten!); Fleisch aus dem Fett nehmen, Zwiebel und Knoblauch darin glasig andünsten, Paprikaschoten in Streifen schneiden, Pfefferoni und geschnittene Paradeiser darüberlegen und weich dünsten.

Zubereitungszeit: ca. 50 Minuten

Rindsgulasch

E

Zutaten:
1 kg Rindfleisch
800 g Zwiebeln, klein geschnitten
kaltgepreßtes Öl
Rosenpaprika
Meersalz
Kümmel
Knoblauchzehen, gehackt
Majoran
1–2 EL Sauerrahm

Zubereitung: Zwiebeln in Öl andämpfen, vom Feuer nehmen, Rosenpaprika einrühren; das in Würfel geschnittene Fleisch dazugeben und mit so viel Wasser aufgießen, bis das Fleisch fast bedeckt ist; mit Salz, Kümmel, Knoblauch und Majoran würzen und auf kleiner Flamme weich dünsten; entweder natur belassen oder vor dem Anrichten Sauerrahm einrühren.

Zubereitungszeit: ca. 90 Minuten

Rindsrouladen

E

Zutaten:
1 großes dünnes Rindsschnitzel pro Person
Meersalz
Senf
1/4 Gurke
1 Stück Karotte
1 Stück Emmentaler
Petersilie, gehackt
kaltgepreßtes Öl
1 Zwiebel, klein gehackt
etwas Pfefferoni
etwas Knoblauch, gehackt
Sojamehl
1 EL Sauerrahm

Zubereitung: Ränder des Schnitzels einschneiden; leicht klopfen, salzen, mit Senf bestreichen, der Länge nach geteilte, eingelegte Gurke, Karotte, Emmentaler und Petersilie darauf legen, zusammenrollen, binden oder mit Spießchen zusammenstecken und Rouladen in Öl leicht andünsten, mit wenig Wasser aufgießen, Zwiebel, Pfefferoni und Knoblauch zugeben und weich dünsten; entweder natur belassen oder mit Mehl und Sauerrahm binden.

Zubereitungszeit: ca. 60–70 Minuten

Zigeunerrostbraten

E

Zutaten:
1 Schnitte Rostbraten (oder Beiried) pro Person
1 EL kaltgepreßtes Öl
1 Zwiebel
etwas Meersalz
Wacholderbeeren, zerdrückt
1 Knoblauchzehe, gehackt
1 kleiner Pfefferoni
1 Lorbeerblatt
1 KL Rosenpaprika
Gemüse nach Belieben
3 rote Paprika

Zubereitung: Das Fleisch auf beiden Seiten kurz anbraten, damit sich die Poren schließen, aus dem Fett nehmen und warmstellen. Die feingehackte Zwiebel im selben Fett glasig dünsten, das Fleisch und die anderen Zutaten dazugeben und alles weich dünsten. Immer nur so viel Wasser dazugeben, daß nichts anbrennt. Das Fleisch auf erwärmter Platte anrichten, den Saft unpassiert oder passiert darübergießen, mit gedünstetem Gemüse und Paprikaringen servieren.

Zubereitungszeit: ca. 40–45 Minuten

Zwiebelrostbraten

E

Zutaten:
Rostbraten
Meersalz
Majoran oder Thymian
kaltgepreßtes Öl
2 mittelgroße Zwiebeln, fein geschnitten
1 Lorbeerblatt
etwas Pfefferoni

Zubereitung: Für je 2 Personen wird eine Scheibe Rostbraten leicht geklopft, mit Meersalz und etwas Majoran oder Thymian eingerieben und in nicht zu heißem Öl leicht angedünstet, damit sich die Poren schließen; das Fleisch wird aus dem Fett genommen und warmgestellt; 2 mittelgroße Zwiebel pro Rostbraten werden in dem gleichen Fett glasig gedünstet, das Fleisch wieder dazugegeben, mit etwas Wasser aufgegossen, ein Lorbeerblatt und ganz wenig Pfefferoni dazugegeben und auf kleinem Feuer weich gedünstet; dann wird der Rostbraten auf eine vorgewärmte Platte gelegt, der Saft nach Wunsch passiert.

Zubereitungszeit: ca. 40–45 Minuten

SOJA

Wer nicht viel Fleisch und wenig Eier ißt, benötigt das Eiweiß der Sojapflanze. Soja ist außerdem leicht verdaulich. Neben Sojamehl gibt es auch Granulat, Würfel, Steakli, verschiedene Aufstriche, Soßen usw. sowie Sojabohnen zum Keimen und Kochen.
Sojagranulat und -würfel sollen einige Zeit vor Gebrauch mit heißem Wasser übergossen werden. Es ist zu empfehlen, schon beim Einweichen geschmacksverbessernde Zutaten wie Meersalz, Paprikawürze oder andere Würzen dazuzugeben, da sie dann besser in die Sojamasse einziehen können.
Da die Quellzeit der verschiedenen Sojaprodukte je nach Rezept unterschiedlich ist, wurde auf die Angabe der Zubereitungszeit verzichtet.

Tofu ist eine Art eiweißreicher Topfen, der aus der gelben Sojabohne gewonnen wird. Er ist wert, öfters auf den Menüplan gesetzt zu werden. Außer reichlich Eiweiß enthält Tofu wertvolle Fettsäuren, jedoch kein Cholesterin. Seine vielseitige Verwendbarkeit macht ihn für Vorspeisen, für Hauptspeisen und Gemüse und als Beigabe zu Salaten geeignet.

Herbstlicher Soja-Gemüsetopf

E

Zutaten:
2 mittlere Zwiebeln, klein geschnitten
kaltgepreßtes Öl
rote und grüne Paprika
Melanzani
Zucchini
etwas Pfefferoni
Meersalz
100 g Sojagranulat
Obstessig
Rosenpaprika
Gemüsebrühe
Sojamehl
Sauerrahm
Knoblauch
Kräuter nach Belieben

Zubereitung: Zwiebeln in Öl glasig dämpfen, würfelig geschnittene Paprika, Melanzani, Zucchini, Pfefferoni, Salz und eingeweichtes Sojagranulat dazugeben und das Ganze durchrösten; mit einem Schuß Obstessig ablöschen, Rosenpaprika und Gemüsebrühe zugeben; etwas Sojamehl mit Sauerrahm versprudeln, in das Gemüse rühren und noch kurz aufkochen; mit zerdrücktem Knoblauch und Sauerrahm abschmecken und mit Kräutern bestreuen.

Soja-Curry-Speise

E

Zutaten:
Sojawürfel
Zwiebeln
kaltgepreßtes Öl
Curry
Meersalz
Pfefferoni
Sauerrahm
Kräuter

Zubereitung: Pro Person 2 EL Sojawürfel mit so viel heißem Wasser übergießen, bis es darübersteht; ca. 30 Minuten quellen lassen; für 4 Personen 3 mittelgroße Zwiebeln klein schneiden und in etwas Öl andünsten, nach Geschmack mit Curry würzen, die Sojawürfel mit dem Wasser dazugeben, salzen, eventuell ganz wenig kleinstgeschnittene Pfefferoni darüberstreuen und ca. 30 Minuten dünsten lassen; vor dem Servieren 1–2 EL Sauerrahm darunterrühren und mit feingehackten Kräutern bestreuen.

Soja-Gemüseeintopf

E

Zutaten:
100 g Sojawürfel
3/4 l Wasser
Öl
Zwiebel, klein gehackt
Frühlingsgemüse (Erbsen, Kohlrabi, Frühkraut oder Kohl, Karfiol, Karotten)
Majoran
Thymian
Bohnenkraut
Petersilie
Suppenwürze
2 EL Sauerrahm
Sojamehl
Butter

Zubereitung: Sojawürfel in Wasser einweichen, ca. 15 Minuten quellen lassen und abseihen; in Öl kleingehackten Zwiebel andünsten, die Sojawürfel zugeben, ebenso nicht zu klein geschnittenes Frühlingsgemüse, mit dem Einweichwasser aufgießen, frischen Majoran, Thymian, Bohnenkraut und Petersilie dazugeben und weich dünsten; mit Suppenwürze würzen, eventuell 2 EL Sauerrahm mit etwas Sojamehl mischen und alles nochmals aufkochen; vor dem Servieren ein Stückchen Butter dazugeben und mit etwas Sauerrahm garnieren.

Sojagranulat, gedünstet

E

Zutaten:
Sojagranulat
Zwiebeln, klein geschnitten
Paprikaschoten
Pfefferoni
Meersalz
Kümmel
Kräuter nach Belieben

Zubereitung: Eingeweichtes Sojagranulat dünstet man mit kleingeschnittenen Zwiebeln, Paprikaschoten, wenig Pfefferoni, Meersalz, Kümmel und verschiedenen Kräutern ca. 20 Minuten und kann dies über Gemüse verschiedenster Art geben.

Sojagulasch

E

Zutaten:
100 g Sojawürfel
3/4 l Wasser
Öl
Sellerieknolle, Paprika, Karotten
Gemüsebrühe
Paradeiser
1 EL Sojamehl
1/16 l Sauerrahm
4 EL Rotwein
Paprikawürze
Gurkerln, klein gehackt

Zubereitung: Sojawürfel mit heißem Wasser abbrühen und 15 Minuten weichen lassen, abseihen, eventuell einmal durchschneiden und in etwas Öl andünsten; pro Person je 50 g Sellerieknolle, Paprika, Karotten kleinwürfelig schneiden und in wenig Wasser oder Gemüsebrühe ca. 20 Minuten dünsten; das Sojafleisch dazugeben und 15 Minuten weiterdünsten; pürierte Paradeiser mit Sojamehl, Sauerrahm und Rotwein verrühren, in das Gulasch geben, nochmals kurz aufkochen, mit Paprikawürze würzen und vor dem Anrichten mit Gurkerln bestreuen.

Sojalaibchen

E

Zutaten:
1 Tasse Sojagranulat
1 Tasse Gemüsebrühe
1 Zwiebel, fein gehackt
2 Knoblauchzehen, zerdrückt
etwas Pfefferoni, fein gehackt
1 Ei
Petersilie, fein gehackt
Majoran, Basilikum, Rosenpaprika
Meersalz
1 El Sojamehl
kaltgepreßtes Öl

Zubereitung: Sojagranulat mit Gemüsebrühe übergießen, 10 Minuten quellen lassen; Zwiebel, Knoblauch, Pfefferoni, Ei, Petersilie, Majoran, Basilikum, Rosenpaprika, Meersalz und Sojamehl daruntermischen, Laibchen formen, in Sojamehl drehen und in Öl langsam braten.

Tip: Man kann auf jedes Laibchen eine Scheibe Emmentaler oder anderen Schnittkäse legen und im Rohr so lange überbacken, bis der Käse schmilzt; mit feingehacktem Kerbel oder Petersilie bestreuen.

Soja-Naturschnitzerln

E

Zutaten:
2 Sojasteakli
Meersalz
Butter
Petersilie, fein gehackt

Zubereitung: Sojasteakli mit kochendem Wasser übergießen, 1 Stunde stehen lassen; im selben Wasser 30 Minuten kochen, Sojasteakli aus dem Sud nehmen, quer fast durchschneiden, so daß Schnitzerln entstehen, salzen, noch eine Weile in Butter dünsten, mit Petersilie bestreuen.

Soja-Rahmschnitzerln

E

Zutaten:
Sojasteakli
Meersalz
Butter
Sauerrahm
Sojamehl

Zubereitung: Wie „Soja-Naturschnitzerl" zubereiten, aber zum Schluß pro Person 1 EL Sauerrahm mit etwas Sojamehl verrühren, in den Saft geben und nochmals aufkochen lassen.

Soja-Rostbraten

E

<u>*Zutaten:*</u>
2 Sojasteakli
1/2 l Wasser
Meersalz
2 EL Suppenwürze oder
1 Gemüsebrühwürfel
Kümmel, Majoran, Thymian
2 Zwiebeln, geschnitten
kaltgepreßtes Öl
1 grüner Paprika
etwas Pfefferoni
2 Knoblauchzehen, zerdrückt
Sauerrahm
Petersilie, fein gehackt

<u>*Zubereitung:*</u> Sojasteakli in 1/2 l gesalzenem Wasser mit Suppenwürze oder Gemüsebrühwürfel, Kümmel, Majoran und Thymian 30 Minuten leicht kochen; inzwischen Zwiebel in Öl glasig andünsten, Paprika, Pfefferoni und Knoblauch dazugeben; die Steakli einmal durchschneiden, damit Schnitzerln entstehen; zu den Zwiebeln geben, alles 30 Minuten dünsten; vor dem Servieren mit Sauerrahm und Petersilie garnieren.

Szegediner Gulasch

E

<u>*Zutaten:*</u>
100 g Sojawürfel
3/4 l Wasser
Meersalz
Suppenwürze
Majoran
200–250 g Zwiebeln
2–3 Knoblauchzehen
kaltgepreßtes Öl
Rosenpaprika
Kümmel
Pfefferoni, fein gehackt
500 g Sauerkraut
1–2 EL Sauerrahm

<u>*Zubereitung:*</u> Sojawürfel in heißem Wasser, das mit Meersalz, Suppenwürze und Majoran gewürzt ist, ca. 30 Minuten einweichen; Zwiebeln klein schneiden, einige Zehen Knoblauch zerdrücken, beides in Öl leicht andünsten, reichlich Paprika und Kümmel dazugeben (auch etwas feingehackte Pfefferoni sind sehr gut darin); kurz weiterdünsten und dann die Sojawürfel dazugeben, salzen und noch ca. 10–15 Minuten dünsten lassen; Sauerkraut beigeben und so lange dünsten lassen, bis alles weich ist; knapp vor dem Servieren Sauerrahm darübergeben.

Tofu, gebraten

E

Zutaten:
250 g Tofu
1 Prise Meersalz
1 Zwiebel, fein gehackt
2 EL kaltgepreßtes Öl
2 EL Kräuter nach Belieben

Zubereitung: Zwiebel fein hacken und in etwas Öl dünsten. Tofu in ca. 1 cm dicke Scheiben schneiden, mit Küchenkrepp trocknen und in Öl auf beiden Seiten braten. Gebratenen Tofu auf die Zwiebel legen, mit Kräutern bestreuen und ca. 10 Minuten zugedeckt dünsten lassen.

Tofu, gegrillt

E

Zutaten:
Tofu
1 EL kaltgepreßtes Öl
Senf
Meersalz
Kräuter nach Belieben

Zubereitung: Tofu in ca. 3 cm dicke Scheiben schneiden, zwischen zwei Bretter legen und beschweren, so daß die meiste Nässe herausrinnt. Mit Öl bepinseln, mit Senf bestreichen, salzen und mit Kräutern bestreuen. Grillen, bis er beidseitig braun ist. Dabei hin und wieder mit Öl bepinseln.

Tofu-Geschnetzeltes

E

Zutaten:
Tofu
Zwiebel, geschnitten
roter, grüner, gelber Paprika, in Streifen geschnitten
Champignons
etwas Pfefferoni, gehackt
Meersalz
Sauerrahm
Kräuter nach Belieben

Zubereitung: Tofu wird in dünne Scheiben geschnitten, in gedünstete Zwiebel gegeben, mit Paprikastreifen und blättrig geschnittenen Champignons, Pfefferoni und Salz weiter gedünstet, mit Sauerrahm abgeschmeckt und mit Kräutern (Dille, Kerbel usw.) bestreut.

SOSSEN

Kalte Soßen, Dressings und Marinaden

Zum grünen Salat oder Häuptelsalat gibt man meist ein Gemisch von Essig, etwas Wasser, Öl und Meersalz. Man kann auch etwas feingeschnittene Dille oder Kerbel dazumischen.
Für Salate, die wenig Eigengeschmack haben, wie Kohlrabi, mischt man 2 EL Obstessig, 1 Dotter, 1 KL Senf, 1 EL kaltgepreßtes Öl und eventuell 1 EL Sauerrahm.
Zu einer Eiweißmahlzeit kann man den Salat auch mit Zitronensaft anmachen. Dazu werden Öl, gehackte Kräuter und zu den meisten Salaten auch Keime oder Sprossen gemischt.
Will man den Salat mit Mayonnaise verfeinern, ist wohl die selbstgemachte am besten.

Mayonnaise (Grundrezept) E + K

Zutaten:
2 Dotter
Meersalz
etwas Senf
einige Tropfen Molkeessig
Zitronenschale, abgerieben
1/8 l kaltgepreßtes Olivenöl
1 Ei

Zubereitung: Eidotter mit Salz, Senf, Molkeessig und Zitronenschale verrühren und tropfenweise Olivenöl einrühren (Kohlehydrate). Zu Eiweißmahlzeiten kann man 1 ganzes Ei und statt Molkeessig Zitronensaft nehmen und etwas mehr Öl.

Tip: 1. Um nicht zuviel Fett zu konsumieren, gibt man bis zu 2/3 Joghurt bei. Mit Salz und etwas Obstessig abschmecken.
2. Die Mayonnaise kann auch im Mixer gemacht werden.
3. Übriggebliebene Mayonnaise kann man, gut verschlossen, einige Tage im Kühlschrank aufbewahren.

Zubereitungszeit: ca. 15 Minuten

Apfelsoße

E

Zutaten:
500 g Äpfel
1/2 Zitrone, geschält
etwas Zimt

Zubereitung: Geschälte, entkernte und geviertelte Äpfel mit Zitrone und Zimt weich dünsten und im Mixer pürieren.

Zubereitungszeit: ca. 25 Minuten

Avocadosoße

E

Zutaten:
1 Avocado
1 EL Apfelessig
1 EL Senf
1 EL Schnittlauch oder Petersilie, fein gehackt
1 Knoblauchzehe, zerdrückt
einige Schalotten oder
1 Zwiebel, klein gehackt
2 EL kaltgepreßtes Öl

Zubereitung: Eine sehr reife Avocado halbiert man, entkernt sie, löst das Fruchtfleisch aus der Schale und zerdrückt es ganz fein; man verrührt gut mit Apfelessig, Senf, Schnittlauch oder Petersilie, einer kleinen Knoblauchzehe, Schalotten oder Zwiebel und kaltgepreßtem Öl; man serviert die Soße in Glasschüsserln.

Zubereitungszeit: ca. 15 Minuten

Hefedressing

N

Zutaten:
Bierhefe
Meersalz
kaltgepreßtes Öl
Sesam
Kräuter nach Belieben

Zubereitung: Bierhefe, Meersalz, kaltgepreßtes Öl, Sesam oder frische Kräuter gut vermengen.

Zubereitungszeit: ca. 5 Minuten

Joghurtdressing

E

Zutaten:
1 Becher Joghurt
Zwiebel, fein gehackt
etwas Dille
etwas Petersilie, fein gehackt
Rosenpaprika
Meersalz

Zubereitung: Joghurt, Zwiebel, Dille und Petersilie vermengen und eventuell Rosenpaprika und eine Prise Meersalz daruntermischen.

Zubereitungszeit: ca. 10 Minuten

Joghurt-Schnittlauch-Dressing

E

Zutaten:
1/4 l Joghurt
1 EL Sojasoße
Meersalz
Schnittlauch, fein gehackt

Zubereitung: Joghurt mit Sojasoße abschmecken, Salz zugeben, mit viel Schnittlauch verfeinern.

Zubereitungszeit: ca. 5 Minuten

Kapernsoße

E + K

Zutaten:
Mayonnaise
Joghurt oder Sauerrahm
1 EL Zwiebel, fein gehackt
Senf
Kapern, klein gehackt
ganze Kapern

Zubereitung: Einige EL Mayonnaise mit ebensoviel Joghurt (Eiweiß) oder Sauerrahm (Kohlehydrate) verrühren, mit 1 EL feingehackter Zwiebel, Reformsenf und kleingehackten Kapern gut verrühren und mit einigen Kapern verzieren.

Zubereitungszeit: ca. 5–10 Minuten

Knoblauch-Rahm-Soße

E + K

Zutaten:
1/4 l Sauerrahm
Knoblauchzehen, zerdrückt
Meersalz
Molkeessig oder Zitronensaft
Mayonnaise

Zubereitung: In den Sauerrahm gibt man Knoblauch und Meersalz, einen Spritzer Molkeessig und einige EL selbstgemachte Mayonnaise. Für Eiweißmahlzeiten kann man anstatt Essig Zitronensaft verwenden.

Zubereitungszeit: ca. 5 Minuten

Knoblauchsoße

E

Zutaten:
6 große Knoblauchzehen
Meersalz
2 Dotter
Walnüsse, gerieben
ca. 1/8 l kaltgepreßtes Öl
Saft von 1/2 Zitrone oder
2 EL Apfelessig
Petersilie, fein gehackt

Zubereitung: 6 große Knoblauchzehen mit Meersalz fein zerdrücken und 2 Dotter dazuschlagen, bis die Masse schaumig ist; einige geriebene Walnüsse darunterrühren; dann tropfenweise kaltgeschlagenes Öl dazugeben (wie bei der Mayonnaise) sowie Zitronensaft oder Apfelessig und Petersilie.

Zubereitungszeit: ca. 15 Minuten

Rahmdressing

E

Zutaten:
1/4 l Sauerrahm
1 Zwiebel, fein gehackt
Dille
Basilikum
Majoran
etwas Bierhefe
Meersalz

Zubereitung: Sauerrahm, Zwiebel, Dille, Basilikum, Majoran, Bierhefe und Meersalz gut vermengen.

Tip: Anstatt Dille kann man auch Schnittlauch oder Kerbel nehmen.

Zubereitungszeit: ca. 5–10 Minuten

Salatsoße

E + K

Zutaten:
1 Becher Sauerrahm
Sojasoße
Kräuter nach Belieben
Senf
Essig
Kümmel, gemahlen

Zubereitung: Sauerrahm mit etwas Sojasoße, verschiedenen Kräutern, Senf, einem Spritzer Obstessig (Eiweiß) oder Molkeessig (Kohlehydrate) und Kümmel verrühren und über den Salat geben. Für die Eiweißmahlzeit kann man Joghurt verwenden.

Zubereitungszeit: ca. 5 Minuten

Warme Soßen

Bärlauchsoße

K

Zutaten:
Margarine
Vollkornmehl
Meersalz
1 Gemüsebrühwürfel
Bärlauch, fein geschnitten
Sauerrahm

Zubereitung: Aus erwärmter Margarine und Mehl eine lichte Einmach zubereiten, mit Wasser aufgießen, salzen und nach Geschmack einen Gemüsebrühwürfel zugeben; gut aufkochen lassen, vom Feuer nehmen und Bärlauch einrühren; mit Sauerrahm abschmecken.

Tip: Diese Soße paßt sehr gut zu Hirse oder Polenta.

Zubereitungszeit: ca. 10–15 Minuten

Dillsoße

K

Zutaten:
Margarine
Vollkornmehl
Gemüsebrühe
Meersalz
Dille, fein gehackt
Sauerrahm

Zubereitung: Eine helle Einmach aus Vollkornmehl und Margarine bereiten, mit Gemüsebrühe aufgießen, mit Meersalz abschmecken und aufkochen; vom Feuer nehmen, viel Dille daruntermischen und mit Sauerrahm verfeinern.

Zubereitungszeit: ca. 10–15 Minuten

Holländische Soße

E

Zutaten:
2 Dotter
Meersalz
Zitronensaft
80 g Butter

Zubereitung: Dotter, Meersalz und Zitronensaft im Mixer 10 Sekunden verquirlen; Butter in einem Topf einmal aufschäumen lassen und dann langsam in dünnem Strahl in die Dottercreme gießen, im Wasserbad warm halten.

Zubereitungszeit: ca. 10 Minuten

Kapernsoße

K

Zutaten:
1 Zwiebel, klein geschnitten
Margarine
2–3 EL Vollkornmehl
Gemüsebrühe
Kapern, fein gehackt
Sauerrahm
Molkeessig

Zubereitung: Zwiebel in Margarine glasig dünsten, Mehl dazumischen, mit Wasser oder Gemüsebrühe aufgießen, Kapern zugeben, gut aufkochen lassen, mit Sauerrahm legieren und eventuell mit 1 Spritzer Molkeessig abschmecken.

Zubereitungszeit: ca. 15–20 Minuten

Käsesoße

E + K

Zutaten:
2 Zwiebeln
Margarine
2 EL Maismehl
1/8 l Obers
1/8 l Wasser
200 g Schmelzkäse
2 Dotter
2 EL Obers
Meersalz
Muskat
Kerbel

Zubereitung: Zwiebeln würfeln und in Margarine dünsten; Maismehl einrühren, Obers und Wasser zugießen; Schmelzkäse darin verrühren und aufkochen lassen; Dotter und Obers verrühren und unter Rühren in die Soße gießen; nicht mehr kochen lassen; mit Salz und Muskat abschmecken und mit Kerbel bestreuen. Zu einer Eiweißmahlzeit nimmt man statt Obers Milch und statt Maismehl Sojamehl.

Zubereitungszeit: ca. 20–25 Minuten

Knoblauchsoße

K

Zutaten:
Vollkornmehl
Margarine
Gemüsebrühe
Knoblauchzehen, zerdrückt
Meersalz
Sauerrahm

Zubereitung: Aus Vollkornmehl und Margarine eine Einmach bereiten, mit Gemüsebrühe aufgießen und salzen; Knoblauch zugeben, mit Meersalz abschmecken und vor dem Anrichten etwas Sauerrahm einrühren.

Zubereitungszeit: ca. 10–15 Minuten

Paradeissoße

E

Zutaten:
Paradeiser
Meersalz
Suppenwürze
Basilikum
Sojamehl
Butter oder Margarine
Paprikawürze

Zubereitung: Paradeiser waschen, mit Meersalz, etwas Suppenwürze und Basilikum mixen, eventuell etwas Sojamehl zugeben und aufkochen; hat man genügend Paradeiser, ist kein Wasser notwendig; vor dem Anrichten ein Stückchen Butter oder Margarine einrühren, mit Paprikawürze abschmecken.

Zubereitungszeit: ca. 15 Minuten

Teufelssoße

[E]

Zutaten:
2 Zwiebeln
2 Knoblauchzehen
1 Karotte
3 Paradeiser
Petersilie
1/4 l Wasser
1 Ei
etwas Milch
1 EL Sojamehl
Meersalz
grüne Pfefferkörner
Pfefferoni, gehackt

Zubereitung: Zwiebeln, Knoblauchzehen, Karotte, Paradeiser und etwas Petersilie grob zerkleinern und mit Wasser zugedeckt einkochen; Gemüse durch ein Sieb passieren; Gemüsepüree mit Ei, Milch, Sojamehl, Salz und einigen grünen Pfefferkörnern sowie etwas Pfefferoni im Mixer fein pürieren.

Zubereitungszeit: ca. 20–25 Minuten

Ungarische Soße

[K]

Zutaten:
2 Zwiebeln
2 Paprika
etwas Pfefferoni
Meersalz
Curry
Rosenpaprika
Basilikum
Kerbel
Paradeiser
1 EL Sauerrahm

Zubereitung: Zwiebeln, Paprika und Pfefferoni fein hacken, andünsten, salzen, Curry und süßen Paprika dazugeben und weich dünsten; Basilikum und Kerbel fein hacken; Paradeiser pürieren, erwärmen (Paradeiser dürfen zur Kohlehydratmahlzeit nicht kochen!) und alles gut vermischen; zum Schluß Sauerrahm dazugeben.

Zubereitungszeit: ca. 20–25 Minuten

Zwiebelsoße

[K]

Zutaten:
1–2 große Zwiebeln, fein gehackt
Margarine
2–3 EL Vollkornmehl
Meersalz
Wasser oder Gemüsebrühe
Sauerrahm

Zubereitung: Zwiebeln fein hacken, in Margarine glasig dünsten, Vollkornmehl etwas mitdünsten, salzen, mit Wasser oder Gemüsebrühe aufgießen und gut aufkochen lassen, dann im Mixer pürieren oder unpassiert servieren; mit Sauerrahm legieren.

Zubereitungszeit: ca. 15–20 Minuten

AUFSTRICHE

Avocadoaufstrich [N]

Zutaten:
1 weiche Avocado
1 Dotter, hart gekocht
1 Zwiebel, fein gehackt
Meersalz
Öl oder Butter
Gurkenkraut (Borretsch), fein gehackt
Zitronenmelisse, fein gehackt

Zubereitung: Avocado halbieren, aushöhlen, das Fleisch zerdrücken, mit Dotter, Zwiebel, Meersalz, Öl oder Butter, Gurkenkraut und Zitronenmelisse oder nach Geschmack mit anderen Kräutern vermischen.

Tip: Den Aufstrich erst kurz vor der Mahlzeit zubereiten, da er sonst unansehnlich dunkel wird.

Zubereitungszeit: ca. 10 Minuten

Dotter-Zwiebel-Aufstrich [K]

Zutaten:
Dotter
Zwiebel, fein gehackt
Meersalz
Butter oder kaltgepreßtes Öl

Zubereitung: Pro Person 1 Dotter, Zwiebel, Salz und Butter oder Öl so lange gut verrühren, bis eine streichfähige Masse entsteht.

Tip: Mit Zwiebelringen und Kerbel bestreuen.

Zubereitungszeit: ca. 5 Minuten

Gervais-Kräuterbutter [N]

Zutaten:
100 g Gervais
100 g Butter oder Margarine
Meersalz
1 kleine Zwiebel, fein gehackt
Kräuter nach Belieben, fein gehackt

Zubereitung: Gervais, Butter oder Margarine, Meersalz, Zwiebel und Kräuter vermischen; mit Kräutern bestreuen.

Zubereitungszeit: ca. 5–10 Minuten

Käseaufstrich

N

Zutaten:
Weichkäse (60% F. i. d. Tr.)
Kräuter nach Belieben
Meersalz
Rosenpaprika
Paprikaschoten, kl. gehackt
Paradeiser

Zubereitung: Weichkäse mit 60% F. i. d. Tr. (kann verwendet werden, weil er neutral ist) zerdrücken, mit Kräutern, Meersalz, Rosenpaprika und Paprikaschoten vermischen, mit Paradeisern verzieren.

Zubereitungszeit: ca. 5–10 Minuten

Liptauer

N

Zutaten:
Topfen
Sauerrahm
Zwiebel, fein gehackt
Kapern
Rosenpaprika
Knoblauchzehen, zerdrückt
Meersalz

Zubereitung: Topfen wird passiert und mit Sauerrahm, Zwiebel, Kapern, Rosenpaprika, etwas Knoblauch und Meersalz vermischt.

Zubereitungszeit: ca. 10 Minuten

Pikanter Aufstrich

N

Zutaten:
50 g Butter
150 g Topfen, passiert
1 Eckerl Vollrahmkäse oder Zwiebelgervais
Meersalz
Gurkerln, fein gehackt
Kapern, fein gehackt
Schnittlauch oder Kerbel, fein geschnitten
Rosenpaprika

Zubereitung: Butter schaumig rühren, Topfen, Vollrahmkäse oder Zwiebelgervais, Meersalz, Gurkerln, Kapern, Schnittlauch oder Kerbel dazugeben und alles gut verrühren; mit Rosenpaprika bestreuen.

Zubereitungszeit: ca. 10 Minuten

BROT UND GEBÄCK

Selbstgebackenes Brot und Gebäck ist auch in der Trennkost sehr beliebt. Das Korn wird am besten frisch in der Getreidemühle gemahlen. Hat man keine Mühle, läßt man es im Reformhaus mahlen. Die Gewürze können ganz oder auch teilweise gemahlen dazugegeben werden.
Brot läßt sich auch sehr gut einfrieren; man läßt es nicht ganz auskühlen, dann schmeckt es aufgetaut am besten. Man portioniert das Brot und füllt nur so viel in ein Sackerl, wie man voraussichtlich für eine Mahlzeit benötigt.
Aus altbackenem Vollkorngebäck macht man Vollkornbrösel.

Vollkornbrot (Grundrezept) [K]

Zutaten:
1 1/2 kg Weizenmehl
1 kg Roggenmehl
Brotgewürze:
Kümmel, Koriander, Fenchel, Anis; evtl. Sesam, Sonnenblumen- oder Kürbiskerne
Meersalz
300 g Sauerteig oder Backferment
10–20 g Germ
1/2 l Molke oder Buttermilch
warmes Wasser

Zubereitung: Wenn man das erste Mal Brot bäckt, besorgt man sich für die hier genannte Menge 300 g Sauerteig vom Bäcker oder vom Reformhaus. Man kann sich den Sauerteig aber auch mit Backferment, das ebenfalls im Reformhaus erhältlich ist, ansetzen. Sehr gut schmecken außer den üblichen Brotgewürzen auch Sesam (den man vorher etwas anröstet), Sonnenblumen- oder Kürbiskerne. Als Flüssigkeit verwendet man – wenn erhältlich – Molke, ansonsten nimmt man Buttermilch, am besten vom Bauern, da diese am natürlichsten ist. Man kann Brot auch nur aus Roggenmehl machen, dann ist es saftiger.
Weizen- und Roggenmehl mit Gewürzen und Salz nach Geschmack mischen; Sauerteig oder entsprechende Menge Backferment sowie in warmem Wasser aufgelöste Germ dazugeben und mit Buttermilch, die nicht ganz auf 2 Liter mit warmem Wasser aufgefüllt wird, gut abkneten, bis der Teig nicht mehr an den Händen klebt; er wird mit Mehl bestäubt, danach läßt man ihn an einem

warmen Ort so lange gehen, bis ca. die eineinhalbfache Menge entstanden ist. Dann wird der Teig nochmals durchgeknetet und 300 g davon weggenommen, in ein Schraubglas gegeben und im Kühlschrank bis zum nächsten Backen aufgehoben: das ist dann der neue Sauerteig. Aus dem restlichen Teig werden entweder Laibe geformt oder er wird in ausgefettete Kastenformen gegeben und nochmals gut gehen gelassen; das Brot wird bei fallender Hitze ca. 1 Stunde lang gebakken; man läßt es bei ausgeschaltetem Backrohr etwas ausdunsten.

Tip: 1. Es empfiehlt sich, einen flachen Behälter mit Wasser ins Rohr zu stellen, damit die Rinde nicht so hart wird.
2. Vor dem Fertigwerden kann man das Brot mit Wasser bestreichen.

Feuerflecken

K

Zutaten:
500 g Vollkornbrotteig
100 g Kartoffeln, gekocht und passiert
Meersalz
Kümmel
Butter
Knoblauchzehen, zerdrückt

Zubereitung: Vollkornbrotteig mit Kartoffeln, Salz und Kümmel vermengen, gut abarbeiten, kleinfingerdicke runde Flecken austreiben und auf befettetem Backblech auf beiden Seiten rasch knusprig backen; noch warm mit Butter bestreichen; man kann auch etwas Knoblauch daraufgeben.

Tip: Feuerflecken ohne Kartoffelzugabe werden ganz dünn ausgewalkt und ohne Fett im Rohr knusprig gebraten.

Grahamgebäck

K

Zutaten:
1 kg Vollweizenmehl
1 EL Koriander, ganz oder gemahlen
1 El Kümmel oder Fenchel
1 El Anis
30 g Meersalz
150 g Weizenkleie oder
100–150 g Hefeflocken
3/4 l Molke
40 g Germ
Mohn, Sesam, Kümmel

Zubereitung: Mehl mit Koriander, Kümmel oder Fenchel, Anis und Meersalz vermischen; man kann auch Weizenkleie oder Haferflocken beigeben; Molke erwärmen und Germ darin auflösen; alles gut durchmischen und den Teig glattschlagen; zugedeckt bis zur doppelten Höhe gehen lassen; dann daraus 20–30 Laibchen, Weckerln, Kipferln oder Zöpfe formen, auf ein bemehltes Blech legen und mit Wasser bestreichen; Gebäck auf Wunsch mit Mohn, Sesam oder Kümmel bestreuen.

Tip: 1. Man kann den Teig auch mit Mineralwasser zubereiten oder zu 1/4 l Buttermilch 1/2 l Wasser geben.
2. Auf den Boden des Backrohrs stellt man ein flaches Gefäß mit Wasser.

Kartoffelbrot

K

Zutaten:
1 kg Vollkornmehl, frisch gemahlen
100 g Margarine
1–2 EL Honig
400 g Kartoffeln, gekocht, passiert
etwas Meersalz
40 g Germ
Mineralwasser oder Molke
2 EL Sauerrahm

Zubereitung: Vollkornmehl, Margarine, Honig, Kartoffeln, Salz und in lauwarmem Wasser aufgelöste Germ werden mit Mineralwasser oder Molke, dem Sauerrahm beigefügt wurde, zu einem mittelfesten Teig verarbeitet, gut abschlagen und zugedeckt gehen lassen; Brotlaib, Wecken oder kleine Brötchen daraus formen, nochmals aufgehen lassen und auf befettetem, bemehltem Backblech bei mittlerer Hitze langsam backen.

Tip: Man kann auch die abgeriebene Schale einer ungespritzten Zitrone oder Rosinen daruntermischen.

Kräuterbrot

K

Zutaten:
600 g Roggenmehl
150 g Sauerteig
30 g Germ
1 EL Meersalz
ca. 1/2 l Wasser
1 EL Kümmel oder Koriander
Kräuter der Saison

Zubereitung: Das Mehl, möglichst frisch gemahlen, Salz, Kümmel und die feingeschnittenen Kräuter (Petersilie, Majoran, Thymian, Basilikum, Kerbel usw.) gut vermischen, die in lauwarmem Wasser aufgelöste Germ, Sauerteig und die übrigen Zutaten vermengen, gut kneten, ca. 30 Minuten gehen lassen. Dann den Teig noch kurz durchkneten, zu einer Rolle formen, in 10 Stücke schneiden, Wecken davon formen, nochmals gehen lassen, bei guter Mittelhitze ca. 20 Minuten backen.

Tip: 1. Frisches Kräuterbrot schmeckt besonders gut mit Topfenaufstrichen und Weichkäse.
2. Altbacken kann man dieses Brot als Suppeneinlage verwenden.

Mürbe Semmerln

K

Zutaten:
750 g Vollkornmehl, frisch gemahlen
1 TL Meersalz
1 TL Kümmel
1 TL Anis
30 g Germ
1 EL Mehl
80 g Butter
3 EL Sauerrahm
Mineralwasser
1 Dotter
1 EL Wasser

Zubereitung: Mehl mit Meersalz, Kümmel und Anis vermengen; Germ in etwas lauwarmem Wasser mit 1 EL Mehl verrühren, aufgehen lassen und das gewürzte Mehl dazumischen; mit Butter, Sauerrahm und lauwarmem Mineralwasser gut vermischen und abschlagen, bis sich der Teig vom Geschirr löst; auf doppelte Höhe aufgehen lassen, nochmals durchkneten, eine Rolle formen, in 18 Stücke teilen, kleine Kugeln daraus formen und mit dem Messerrücken dreimal eindrücken, so daß ein sternförmiges Muster entsteht; Semmeln auf ein Blech legen, nochmals gehen lassen; Dotter mit Wasser verrühren und die Semmeln damit bestreichen, bei mittlerer Hitze ca. 20 Minuten backen.

Vollkornsalzstangerln

[K]

Zutaten:
3 dl lauwarmes Wasser
30 g Germ
500 g Vollweizenmehl, frisch gemahlen
1 TL Meersalz
grobes Meersalz zum Bestreuen

Zubereitung: In lauwarmem Wasser Germ auflösen, Vollweizenmehl und Meersalz dazugeben, gut kneten und ca. 15 Minuten rasten lassen; nochmals durcharbeiten, in 15 Stücke teilen und diese zu Dreiecken auswalken; von der Breitseite aus mit der rechten Hand einrollen und mit der linken Hand den Teigzipfel ein wenig ausziehen; die Stangerln mit Wasser bestreichen, mit grobem Meersalz bestreuen, nochmals aufgehen lassen und im Rohr bei guter Mittelhitze ungefähr 15 Minuten backen.

Vollmehlweckerln

[K]

Zutaten:
1 kg Vollweizenmehl
80 g Margarine
60 g Germ
30 g Meersalz
1 TL Anis
1 TL Fenchel
1/2 l Mineralwasser
2 EL Sauerrahm
Sesam oder Mohn

Zubereitung: Vollweizenmehl, Margarine, Germ, Meersalz, Anis, Fenchel und ca. 1/2 l Mineralwasser mit 2 EL Sauerrahm vermischen und alles zusammen gut kneten (ist der Teig zu fest, noch etwas Mineralwasser zugeben); Teig ruhen lassen; dann Weckerln formen, mit Wasser bestreichen, mit Sesam oder Mohn bestreuen; Backblech fetten, mit Mehl stauben, Weckerln daraufgeben und gehen lassen; bei guter Mittelhitze backen.

Zwiebelbrot

[K]

Zutaten:
500 g Vollkornmehl
40 g Germ
1 EL Meersalz
1/4 l Mineralwasser
2 EL Sauerrahm
2 EL kaltgepreßtes Öl
2 Dotter
200 g Zwiebeln, klein geschnitten

Zubereitung: Vollkornmehl mit Germ, Salz, knapp 1/4 l Mineralwasser, Sauerrahm, Öl und Dottern zu einem festen Brotteig mischen; Zwiebeln in den Brotteig arbeiten; den Teig gehen lassen, dann zu einem Wecken oder Laib formen und nochmals gehen lassen; auf befettetem und bestaubtem Blech ca. 1 Stunde backen.

MEHLSPEISEN

Pikante Mehlspeisen

Gefüllte Taschen

K

Zutaten:
2 Tassen Vollkornmehl
Meersalz
1 Dotter
1 EL Margarine
Butter oder Margarine

Fülle:
3 mittl. Kartoffeln, gekocht
250 g Magertopfen
1 Zwiebel, fein gehackt
Kerbel, fein gehackt
1 KL grüne Pfefferkörner
Meersalz
1 KL Rosenpaprika
etwas Sauerrahm

Zubereitung: Vollkornmehl mit Salz, Dotter und Margarine mischen und so viel kaltes Wasser dazurühren, bis ein fester Teig entsteht, gut durchkneten; den Teig dünn ausrollen, die Fülle aufstreichen, Teig zusammenrollen, ca. 10 cm große Stücke mit einem Kochlöffel abdrücken und abschneiden; auf befettetem Blech ca. 15 Minuten im Rohr backen und zwischendurch einige Male mit Butter oder Margarine bestreichen.
Für die Fülle alle Zutaten gut vermengen.

Zubereitungszeit: ca. 50–60 Minuten

Käseknödel

K

Zutaten:
200 g Semmelbröckerln
100–150 g Vollweizenmehl
1/4 l Mineralwasser
3 EL Sauerrahm
1 Dotter
Meersalz
Petersilie, fein gehackt
100 g Vollrahmkäse oder Schafkäse
Zwiebeln, fein gehackt
Schafkäse

Zubereitung: Käseknödel werden genauso zubereitet wie „Semmelknödel", nur gibt man Vollrahmkäse in die Flüssigkeit und zerschlägt ihn gut mit der Schneerute; man kann auch geriebenen Schafkäse nehmen; vor dem Anrichten reißt man die Knödel mit 2 Gabeln auf und gibt in die Spalte glasig gedünstete, feingehackte Zwiebeln und streut Schafkäse darüber.

Zubereitungszeit: ca. 50 Minuten

Krautstrudel

K

Zutaten:
1 mittelgroßer Krautkopf
kaltgepreßtes Öl
1 Zwiebel, fein gehackt
1 KL Birnendicksaft
etwas Meersalz
grüne Pfefferkörner, gehackt
Strudelteig

Zubereitung: Krautkopf fein schneiden und in Öl mit Zwiebel, Birnendicksaft, Meersalz und Pfefferkörnern weich dünsten; wenn nötig, Wasser zugeben; Fülle auskühlen lassen; einen ausgezogenen Strudelteig wie zu „Birnenstrudel" (Rezept Seite 170) herstellen, rasten lassen, so dünn wie möglich auswalken und ausziehen; mit der Fülle bestreichen, zusammenrollen, Strudelteig auf befettetes Blech legen und im Rohr bei mittlerer Hitze backen.

Zubereitungszeit: ca. 60 Minuten

Krauttaschen

K

Zutaten:
300 g Vollweizenmehl
300 g fester Topfen
150 g Buchweizen, gem.
250 g Butter oder Margarine
Meersalz

Fülle:
1 mittelgroßer Krautkopf
2 Paprika
1 große Zwiebel, fein geh.
2 große Knoblauchzehen, zerdrückt
1 KL Kümmel
1 EL kaltgepreßtes Öl
Petersilie, fein gehackt
1 Dotter

Zubereitung: Aus Mehl, Topfen, Buchweizen, Butter oder Margarine und Salz einen Teig kneten, 60 Minuten rasten lassen, zusammenschlagen, wieder rasten lassen (Vorgang noch zweimal wiederholen). Kraut hobeln, in Öl mit Zwiebel, geschnittenen Paprika, Knoblauch und Gewürzen dünsten.
Den Teig dünn auswalken, in Vierecke schneiden, jeweils in die Mitte 1 EL Fülle geben, Ecken zusammenschlagen, festdrücken. Mit leicht gewässertem Dotter bestreichen, auf ein unbefettetes Blech legen und bei mittlerer Hitze ca. 15 Minuten backen.

Zubereitungszeit: ca. 120–130 Minuten

Pizza

K

Zutaten:
300 g Vollweizenmehl
20 g Germ
40 g Margarine
Meersalz
Koriander, gemahlen
Kümmel, gemahlen
Belag:
300 g Zwiebeln, fein gehackt
je 1 grüner, gelber und roter Paprika, nudelig geschnitten
Margarine
Basilikum, Kerbel, Oregano, Thymian
Vollrahmkäse
Paradeisscheiben

Zubereitung: Mehl, in lauwarmem Wasser aufgelöste Germ, Margarine, Salz, Koriander und Kümmel vermengen und so viel kaltes Wasser zugeben, bis ein mittelfester Teig entsteht; gut abschlagen, gehen lassen, auswalken und in eine große befettete Tortenform oder auf ein Blech geben. Belag: Zwiebeln und Paprika in Margarine glasig dünsten, Kräuter zugeben, alles gut mischen, auf den Teig streichen, mit Käsestückchen belegen und bei mittlerer Hitze ca. 30 Minuten backen; zum Schluß Paradeisscheiben darauflegen und bei abgeschaltetem Rohr erwärmen.

Tip: Man kann über die Zwiebelfülle auch passierten Topfen und einige Butterflocken geben oder mit Schafkäse bestreuen.

Zubereitungszeit: ca. 70–80 Minuten

Semmelknödel

K

Zutaten:
1/4 l Mineralwasser
3 EL Sauerrahm
1 Dotter
Meersalz
Petersilie, fein gehackt
Zwiebel, fein gehackt
200 g Semmelbröckerln
100–150 g Vollweizenmehl, frisch gemahlen

Zubereitung: Mineralwasser, Sauerrahm, Dotter, etwas Meersalz, Petersilie und Zwiebel verrühren; 200 g Knödelbrot und 100–150 g frischgemahlenes Vollweizenmehl dazugeben, alles gut vermengen und mit nassen Händen Knödel formen, die man in kochendem Salzwasser ca. 20 Minuten ziehen – nicht kochen – läßt.

Zubereitungszeit: ca. 40 Minuten

Topfennockerln

K

Zutaten:
300 g trockener Topfen
150 g Vollkorngrieß
1 EL Vollweizenmehl
Dotter
Meersalz
60 g Butter

Zubereitung: Alle Zutaten (außer Butter) zu einem Teig vermengen, 30 Minuten zugedeckt rasten lassen. In reichlich Salzwasser ein Probenockerl einlegen. Zerkocht es sich, arbeitet man noch etwas Mehl in den Teig ein. Den Löffel vor dem Ausstechen jedes Nockerls in das kochende Wasser tauchen, damit der Teig nicht am Löffel kleben bleibt. Etwa 10 Minuten auf kleiner Flamme mehr ziehen als kochen lassen, abseihen, in erwärmter Butter schwenken. Dazu kann man Salate oder im Dampf gekochtes Gemüse servieren.

Tip: Wenn man die Nockerln in einer Gemüsebrühe kocht, kann man sie auch mit der Suppe essen. In diesem Fall streut man feingeschnittenen Schnittlauch darüber.

Zubereitungszeit: ca. 60 Minuten

Zwiebelkuchen

K

Zutaten:
250 g Vollkornmehl, frisch gemahlen
120 g Margarine
Meersalz
1 Dotter
2 EL Mineralwasser
1 Messerspitze Backpulver

Fülle:
500 g Zwiebeln, fein gehackt
Margarine
1/4 l Sauerrahm
2 Dotter
Prise Muskatnuß
Meersalz
Vollrahmkäse oder Zwiebelgervais

Zubereitung: Vollkornmehl mit Margarine, Meersalz, Dotter, Mineralwasser und Backpulver zu einem Teig verarbeiten (im Kühlschrank 30 Minuten rasten lassen); inzwischen dünstet man Zwiebeln in Margarine glasig, gibt, wenn sie abgekühlt sind, Sauerrahm, Dotter, Muskatnuß und Meersalz dazu, befettet eine Tortenform, staubt sie mit Mehl aus, legt den Boden und den Rand mit dem Teig aus, verteilt die Zwiebelfülle darauf, legt kleine Stücke Vollrahmkäse oder Zwiebelgervais darauf und bäckt bei mittlerer Hitze ca. 30 Minuten.

Zubereitungszeit: ca. 70–80 Minuten

Süße Mehlspeisen

Apfelstrudel aus Trockenäpfeln [K]

Zutaten:
Strudelteig, ausgezogen, oder Mürbteig
Fülle:
Trockenäpfel
Rosinen
Zimt
Nüsse, gerieben
etwas Honig oder Birnendicksaft
Butter
Birnendicksaft

Zubereitung: Da man wegen der Unverträglichkeit von frischen Äpfeln mit Kohlehydraten den gebräuchlichen Apfelstrudel nicht machen kann, bietet nachstehendes Rezept eine sehr gute Alternative. Für den Teig verwendet man entweder den ausgezogenen Teig wie bei „Birnenstrudel" (Rezept S. 170) oder den Mürbteig wie bei „Waldviertler Mohnknödel, gebacken" (Rezept S. 190).
Trockenäpfel in wenig Wasser kurz dünsten (die Apfelstücke sollen nicht zerkochen); die ausgekühlten Äpfel auf den Teig streichen, Rosinen, Zimt und eventuell auch geriebene Nüsse darauf geben, etwas Honig oder Birnendicksaft darüber verteilen; beim ausgezogenen Strudelteig den Teig einrollen, beim Mürbteig die Fülle nur auf das mittlere Drittel streichen und die beiden Seiten darüberschlagen; zerlassene Butter und Birnendicksaft mischen und während des Backens ein- bis zweimal damit bestreichen.

Zubereitungszeit:
bei Strudelteig ca. 90–100 Minuten
bei Mürbteig ca. 120–130 Minuten

Apfel-Topfen-Strudel [K]

Zutaten:
Mürbteig
Fülle:
Topfen
Dotter
Honig
Zitronenschale, abgerieben

Zubereitung: Der Teig wird wie bei „Waldviertler Mohnknödel, gebacken" (Rezept S. 190) gemacht, nur kommt über die Topfenfülle eine Schicht gedünsteter Trockenäpfel, wie bei „Apfelstrudel" oben beschrieben. Fülle: Topfen, Dotter, Honig, Zitronenschale miteinander verrühren.

Zubereitungszeit: ca. 120–130 Minuten

Besoffener Kapuziner I [K]

Zutaten:
200 g Vollkornbrösel
100 g Nüsse, gerieben
3 Dotter
1/2 Paket Backpulver
150 g Honig
Mineralwasser
3/4 l Birnenmost oder
Saft von Birnenkompott
Zimtrinde
Zitronenschale, abgerieben
Gewürznelken
Honig für den Most
oder das Kompott
Schlagobers

Zubereitung: Vollkornbrösel mit Nüssen, Dottern und Backpulver vermischen, Honig und Mineralwasser zugeben, einen festen Teig bereiten. Eine Tortenform oder kleine Gugelhupfförmchen befetten und mit Bröseln ausstreuen, den Teig einfüllen und bei Mittelhitze backen. Inzwischen kocht man Birnenmost mit Honig, Gewürznelken und Zimtrinde oder halbierte Birnen mit Wasser, Honig, Zimtrinde, Gewürznelken und Zitronenschale. Den Saft gießt man ganz heiß über die frisch aus dem Rohr genommenen Kuchen und durchtränkt sie damit. Mit Schlagobers verzieren.

Tip: Die gedünsteten Birnen kann man in der Mitte mit einer Erdbeere füllen und zu den Kapuzinern reichen.

Zubereitungszeit: ca. 50–60 Minuten

Birnenstrudel

K

Zutaten:
300 g Vollweizenmehl
1 Dotter
1 EL kaltgepreßtes Öl
Meersalz
1 Spritzer Molkeessig
Butter
Hasel- oder Walnüsse, gerieben
Birnen
Birnendicksaft
Rosinen

Zubereitung: Vollweizenmehl (Kleie aussieben), Dotter, Öl, etwas Meersalz und Molkeessig mit so viel lauwarmem Wasser vermengen, bis ein mittelfester Teig entsteht; gut abarbeiten, bis er sehr glatt ist, einen kleinen Laib formen, auf gestaubtem Brett mit einem warmen Topf zudecken, darauf ein Gefäß mit heißem Wasser stellen und 30 Minuten rasten lassen; auf den Tisch ein Tischtuch breiten, mit Mehl stauben, den Teig so dünn wie möglich auswalken und von allen Seiten ausziehen (Teig aus Vollkornmehl läßt sich nicht so dünn ausziehen, wie Weißmehlteig!), mit zerlassener Butter bestreichen, geriebene Hasel- oder Walnüsse darüberstreuen, mit nicht zu weichen, geschnittenen Birnen belegen, etwas Birnendicksaft darüberträufeln, Rosinen daraufstreuen, mit Hilfe des Tischtuches zusammenrollen, auf ein gefettetes Backblech geben, mit zerlassener Butter bestreichen und langsam backen.

Zubereitungszeit: ca. 90–100 Minuten

Erdbeerknödel, gebacken

K

<u>*Zutaten:*</u>
400 g fester Topfen
200 g Vollkornmehl
2 Dotter
60 g Butter oder Margarine
Meersalz
Erdbeeren
Vollkornbrösel
Honig
Zimt
Butter

<u>*Zubereitung:*</u> Aus Topfen, Mehl, Dotter, Butter und Salz einen Teig kneten, ca. 30 Minuten rasten lassen. Eine Rolle formen, in gleichmäßige Stücke schneiden, zu Schüsselchen drücken, in jedes eine große, gewaschene, vom Stiel befreite Erdbeere drücken und zu einem Knödel schließen. Knödel in eine gefettete Form legen und 20–25 Minuten im Rohr backen. Wenn sie an der Oberfläche zu trocken werden, mit zerlassener Butter bepinseln und mit Folie abdecken. Über die fertigen Knödel Honig gießen und in Butter geröstete Brösel und Zimt darüberstreuen.

<u>*Zubereitungszeit:*</u> ca. 70 Minuten

Germknödel

K

<u>*Zutaten:*</u>
500 g Vollkornmehl
20 g Germ
2 Dotter
Meersalz
1 EL Birnendicksaft
ca. 1/2 l Mineralwasser
3 EL Sauerrahm
Powidl
Butter
etwas Birnendicksaft
Mohn oder Nüsse oder Lebkuchen, gerieben

<u>*Zubereitung:*</u> Einen festen Germteig aus Vollkornmehl, Germ, Dottern, Meersalz, Birnendicksaft, Mineralwasser und Sauerrahm bereiten und gehen lassen; Stücke schneiden, zu Flecken auseinanderziehen, in die Mitte 1 EL Powidl geben (Dörrpflaumen einweichen, faschieren und aufkochen), Knödel formen, auf ein Brett legen und zugedeckt gehen lassen; ca. 10 Minuten in kochendem Salzwasser nicht zu stark kochen und einmal umwenden; auf eine erwärmte Platte legen, mit zerlassener Butter, der etwas Birnendicksaft beigemischt wurde, übergießen und mit geriebenem Mohn, Nüssen oder Lebkuchenbröseln bestreuen; die Germknödel müssen gleich gegessen werden, da sie sonst zusammenfallen.

<u>*Zubereitungszeit:*</u> ca. 50 Minuten

Heidelbeerstrudel

K

Zutaten:
Strudelteig, ausgezogen
80 g Margarine
100 g Haferflocken
Heidelbeeren, frisch oder tiefgekühlt
Zimt
Butter
Birnendicksaft

Zubereitung: Einen Teig bereiten wie für „Birnenstrudel“ (Rezept S. 170); während der Ruhezeit Margarine erwärmen, Haferflocken dazugeben und unter ständigem Rühren etwas linden; die erkalteten Haferflocken auf den ausgezogenen Teig geben, Heidelbeeren darüberstreuen, Zimt und Birnendicksaft darüber verteilen und den Strudel aufrollen; auf ein befettetes Blech legen, mit etwas Birnendicksaft, dem man erwärmte Butter zufügt, bestreichen und bei mittlerer Hitze ca. 30 Minuten backen; man kann den Strudel während des Backens nochmals bestreichen.

Zubereitungszeit: ca. 90–100 Minuten

Marillenknödel, gebacken

K

Zutaten:
300 g Vollweizenmehl
200 g Magertopfen
1 Dotter
Meersalz
1 EL kaltgepreßtes Öl
Trockenmarillen
kandierter Honig
Butter
1 EL Honig
Vollkornbrösel

Zubereitung: Aus Mehl, Topfen, Dotter, Meersalz und Öl bereitet man einen Teig und läßt ihn mindestens 30 Minuten rasten; bekommt man weiche Trockenmarillen, kann man diese gleich verwenden, zu feste weicht man vorher ein; in eine Marillenhälfte gibt man etws kandierten Honig, legt die zweite Hälfte darauf und umhüllt sie mit etwas Teig, legt die Knödel in eine befettete, feuerfeste Form und bäckt sie ca. 25 Minuten im Rohr. Brösel und Honig in Butter anrösten, über die Knödel geben.

Tip: Man kann auch nur Butterflocken darauf verteilen und mit geriebenen Nüssen oder Mohn bestreuen.

Zubereitungszeit: ca. 80 Minuten

Marillenknödel, gekocht

[K]

Zutaten:
Topfenknödelteig
Trockenmarillen
Vollkornbrösel
Birnendicksaft
Margarine

Zubereitung: Masse wie für „Topfenknödel" (Rezept S. 175) bereiten und mit einer eingeweichten Trockenmarille füllen; in Salzwasser vorsichtig kochen und mit in Margarine angerösteten Bröseln, mit Birnendicksaft vermischt, übergießen.

Nußauflauf

[K]

Zutaten:
300 g Weizen- oder Gerstenflocken
Meersalz
2 El Sauerrahm
1 Handvoll Rosinen
2 EL Honig
100 g Margarine
100 g Nüsse oder Haselnüsse, gemahlen
Zimt
Zitronenschale, abgerieben

Zubereitung: Weizen- oder Gerstenflocken in leicht gesalzenem Wasser, dem Sauerrahm beigemischt wurde, einkochen, Rosinen dazugeben, vom Feuer nehmen und gut zugedeckt quellen lassen; nun Honig, Margarine, gemahlene Nüsse oder Haselnüsse, etwas Zimt und die Schale einer ungespritzten Zitrone mit dem Brei vermischen, in eine gefettete feuerfeste Auflaufform füllen und bei Mittelhitze im Rohr goldgelb backen.

Tip: Sehr gut schmeckt dazu mit Birnendicksaft gesüßtes Heidelbeerkompott.

Zubereitungszeit: ca. 45–50 Minuten

Palatschinken

K

Zutaten:
400 g Vollweizenmehl
Meersalz
1–2 Dotter
3 EL Sauerrahm
Mineralwasser
Margarine
Honig oder Birnendicksaft
Heidelbeeren oder
Trockenfrüchte

Zubereitung: Vollweizenmehl mischt man mit etwas Meersalz, Dottern, Sauerrahm und so viel Mineralwasser, bis ein fester Teig entsteht (man kann auch weniger Mehl und dafür etwas Vollgrieß dazumischen); den Teig ca. 1 Stunde rasten lassen; man bäckt dann in einer nicht zu großen Form die Palatschinken in Margarine (sie reißen leicht) und füllt sie entweder mit Heidelbeeren, die man zerdrückt und mit etwas Honig oder Birnendicksaft verrührt hat, oder mit erweichten Trockenfrüchten, die man faschieren und dann auch nach Bedarf süßen kann.

Tip: Man kann die Palatschinken auch mit einer Fülle aus Topfen, Sauerrahm, Honig oder Birnendicksaft, abgeriebener Zitronenschale und eingeweichten Rosinen, alles gut vermischt, füllen.

Zubereitungszeit: ca. 80–90 Minuten

Scheiterhaufen

K

Zutaten:
Hefegebäck, altbacken
Heidelbeeren
Birnendicksaft
1/8 l Sauerrahm
1/4 l Mineralwasser
1 EL Birnendicksaft
1–2 Dotter
Zitronenschale, abgerieben

Zubereitung: Altbackenes Hefegebäck (z. B. übriggebliebene Osternester) schneidet man in fingerdicke Schnitten, gibt diese in eine ausgefettete feuerfeste Form, streut eine Schicht Heidelbeeren darauf und etwas Birnendicksaft und dann wieder eine Lage Schnitten; Sauerrahm, Mineralwasser, Birnendicksaft, Dotter und eventuell die abgeriebene Schale einer ungespritzten Zitrone schlägt man gut durch, schüttet die Mischung langsam über die Schnitten und bäckt im Rohr ca. 20 Minuten bei Mittelhitze.

Zubereitungszeit: ca. 30–35 Minuten

Topfenknödel

K

Zutaten:
2 EL kaltgepreßtes Öl
2 Dotter
250 g Topfen
4 EL Vollkorngrieß
Meersalz
Margarine
Vollkornbrösel
Birnendicksaft

Zubereitung: Öl mit Dottern abtreiben, Topfen, Grieß und etwas Salz zugeben, gut durchrühren und Masse über Nacht stehenlassen; am nächsten Tag Knödel formen, diese in kochendem Salzwasser ziehen lassen (nicht kochen!); etwas Margarine erwärmen, Brösel darin leicht anlaufen lassen, mit Birnendicksaft übergießen.

Tip: Ungesüßt kann man die Knödel mit Salat essen.

Waldviertler Mohnnudeln (Schupfnudeln)

K

Zutaten:
500 g mehlige Kartoffeln
Meersalz
500 g Vollweizenmehl
Margarine oder Butter
2–3 EL Honig
300 g Mohn, fein gerieben

Zubereitung: Kartoffeln schälen, vierteln und in so viel Salzwasser kochen, daß sie gerade bedeckt sind (sie sollen noch kernig sein!); Wasser abgießen, aufheben; Mehl über die Kartoffeln schütten, in der Mitte mit einem Kochlöffel ein Loch machen, das Wasser hineingießen und das Ganze für 15 Minuten ins heiße Rohr stellen; auf dem Nudelbrett dann daraus rasch einen Teig machen, nachsalzen, kleine Stücke von der geformten Rolle herunterschneiden, zu Nudeln formen und in Salzwasser kochen; Margarine oder Butter erwärmen, Honig zugeben, abgeseihte Nudeln hineingeben, Mohn darüberstreuen und vorsichtig so lange schupfen, bis sie rundherum voll Mohn sind.

Zubereitungszeit: ca. 60–70 Minuten

Zwetschkenknödel

K

Zutaten:
300 g Vollweizenmehl
200 g Magertopfen
1 Dotter
Meersalz
1 EL kaltgepreßtes Öl
Dörrzwetschken

Zubereitung: Die Zwetschkenknödel können wie „Marillenknödel, gebacken" (Rezept Seite 172) zubereitet werden, jedoch mit weichen Dörrzwetschken gefüllt. Man kann auch den Teig wie bei „Marillenknödel, gekocht" (Rezept Seite 173) verwenden: die Knödel kochen und mit einer Mischung aus Vollkornbröseln, Birnendicksaft und Zimt, in Margarine erwärmt, übergießen.

Germmehlspeisen

Besoffener Kapuziner II

K

Zutaten:
250 g Vollweizenmehl
20 g Germ
2 EL Honig
2 Dotter
50 g Margarine
Zitronenschale, abgerieben
3–4 EL Sauerrahm
Mineralwasser
3/4–1 l Birnenmost
2 EL Birnendicksaft
Zimtrinde
Gewürznelken

Zubereitung: Germteig aus Vollweizenmehl (Kleie aussieben), Germ, Honig, Dottern, Margarine, der Schale einer ungespritzten Zitrone, Sauerrahm und Mineralwasser bereiten und zu einem mittelfesten Teig kneten; auf doppelte Höhe gehen lassen, in eine gefettete, bemehlte Tortenform geben, nochmals gehen lassen und bei mittlerer Hitze backen; Birnenmost mit Birnendicksaft, einem Stück Zimtrinde und einigen Gewürznelken erhitzen und noch heiß langsam über den noch warmen Kuchen gießen, bis er ganz durchtränkt ist.

Tip: Diese Mehlspeise kann warm oder kalt gegessen werden; sie ist sehr gut mit Schlagobers.

Zubereitungszeit: ca. 80–90 Minuten

Blechkrapfen

K

Zutaten:
500 g Vollkornmehl
6 Dotter
100 g Butter oder Margarine
1 EL Honig
40 g Germ
Prise Salz
Schale von 1/2 Zitrone
Spritzer Rum
ca. 1/2 l Mineralwasser
3 EL Obers
Butter oder Margarine
Rosinen nach Geschmack
oder Marmelade aus
Trockenmarillen

Zubereitung: Trennkost-Esser brauchen im Fasching auf die so beliebten Krapfen nicht zu verzichten. Sie dürfen freilich nicht im Fett schwimmend herausgebacken werden, doch die Blechkrapfen schmecken auch vorzüglich.
Zu Vollkornmehl (Kleie aussieben!) Abtrieb von Dottern, Butter oder Margarine und Honig mischen; in etwas Flüssigkeit aufgelöste Germ, Salz, abgeriebene Zitronenschale und Rum zugeben und mit Mineralwasser und Obers vermischen, daß ein mittelfester Teig entsteht; den Teig gut abschlagen, zum Schluß noch Rosinen nach Geschmack dazugeben und zugedeckt an einem warmen Ort gehen lassen; nachher den Teig auf ein bemehltes Brett geben, ca. 1,5 bis 2 cm dick auswalken, mit dem Krapfenstecher oder mit einem Glas Krapfen ausstechen, auf ein bemehltes Tuch geben und nochmals gehen lassen; ein Backblech mit Margarine bestreichen, bestauben, die Krapfen darauf legen und langsam im Rohr backen; während des Backens kann man sie einige Male mit zerlassener Butter oder Margarine bestreichen; dies gibt eine schöne Rinde.

Tip: Statt die Rosinen in den Teig einzuarbeiten, kann man auch etwas Marmelade aus Trockenmarillen einspritzen.

Zubereitungszeit: ca. 100 Minuten

Böhmische Dalken

K

Zutaten:
250 g Vollweizenmehl
20 g Germ
2 EL Honig
2 Dotter
50 g Margarine
Zitronenschale, abgerieben
3–4 EL Sauerrahm
Mineralwasser
Butter oder Margarine
250 g Dörrzwetschken
Honig
Zimt
1 EL Rum

Zubereitung: Einen Germteig aus 250 g Mehl (wie für den „Besoffenen Kapuziner II", Rezept Seite 176, nur etwas weicher) machen und gehen lassen; in Dalkenformen oder Spiegeleierpfannen (man verwendet am besten 2 Pfannen) etwas Butter oder Margarine warm werden lassen; in jede Vertiefung einen Eßlöffel Teig geben, langsam auf einer Seite backen, umdrehen, auf der anderen Seite backen und die fertigen Dalken auf ein Blech ins nicht zu heiße Rohr legen; geschnittene Dörrzwetschken weicht man vorher ein (das Wasser soll die Früchte kaum bedecken), kocht sie auf, nimmt sie vom Feuer, rührt etwas Honig, Zimt und 1 EL Rum darunter (es soll wie richtiger Powidl aussehen); noch heiß gibt man diese Fülle über die Dalken und legt immer zwei übereinander.

Tip: Man kann diese Dalken auch mit Topfen bereiten: Auf jeden Dalken gibt man einen Kranz von passiertem, mit Birnendicksaft gesüßten Topfen und in die Mitte Powidl; knapp vor dem Servieren gießt man noch etwas warme Butter darüber; diese Dalken sollen flach sein und werden nicht übereinandergelegt.

Zubereitungszeit: ca. 50 Minuten

Früchtebrot

K

Zutaten:

Fruchtfülle:

200 g Kletzen
200 g Dörrzwetschken
200 g getrocknete Marillen
200 g Rosinen
200 g Feigen
200 g Datteln
100 g Aranzini
100 g Zitronat
Schale von 2 Zitronen, abgerieben
200 g Walnüsse, geschnitten
Saft der gekochten Früchte
3/10 l Rum
200 g Vollkornmehl
5 EL Honig
4 Dotter

Mürbteig:

500 g Vollkornmehl
2 Dotter
Meersalz
1 EL Birnendicksaft
6 EL kaltgepreßtes Öl
20 g Germ
einige EL Sauerrahm
Mineralwasser
1 Dotter
1 EL Honig
Mandeln oder Nüsse oder Zitronat

Zubereitung: Kletzen (getrocknete Birnen), Dörrzwetschken und getrocknete Marillen werden weich gekocht, abgeseiht und nudelig geschnitten; Rosinen, nudelig geschnittene weiche Feigen, geschnittene Datteln, gehackte Aranzini, gehacktes Zitronat, die Schale von 2 ungespritzten Zitronen und geschnittene Walnüsse werden vermischt, mit dem Saft der gekochten Früchte und Rum vermengt und über Nacht zugedeckt stehen gelassen. Am nächsten Tag gibt man Vollkornmehl und 5 EL Honig sowie 4 Dotter dazu und vermengt alles gut; nun bereitet man einen Germmürbteig aus frischgemahlenem Vollkornmehl, 2 Dottern, etwas Salz, Birnendicksaft, Öl, einem Dampfl aus Germ und mit Sauerrahm vermischtem Mineralwasser und läßt ihn gut aufgehen; den Teig teilt man in 4 Teile, walkt jeden dünn aus, gibt die Fruchtfülle darauf, schlägt die Wecken zusammen und legt sie mit der zusammengeschlagenen Seite auf ein befettetes, bemehltes Backblech; man läßt nochmals gehen, vermengt Dotter mit 1 EL Honig und bestreicht die Wecken damit; man verziert mit Mandeln, Nüssen oder Zitronat und bäckt langsam.

Früchtekuchen aus der Krim

K

Zutaten:

300 g Vollweizenmehl
3 EL Birnendicksaft
50 g Butter oder Margarine
2 Dotter
Meersalz
Zitronenschale, abgerieben
30 g Germ
Mineralwasser
2 EL Obers

Fülle:

200 g Feigen
200 g Datteln
50 g Zitronat
etwas Rum
100 g Haselnüsse, grob gerieben
Butter
Trockenmarillen
Haselnüsse, gerieben

Zubereitung: Aus frischgemahlenem Vollweizenmehl, Birnendicksaft, Butter oder Margarine, Dottern, einer Prise Salz, der abgeriebenen Schale einer ungespritzten Zitrone, einem Dampfl aus Germ und lauwarmem Mineralwasser (gemischt mit Obers) einen mittelfesten Germteig machen; für die Fülle Feigen, Datteln und Zitronat fein schneiden, mit heißem Wasser übergießen, einen Schuß Rum zufügen und 30 Minuten ziehen lassen; dann Haselnüsse dazugeben, gut durchkneten und eine Stange formen; den Germteig zu einem langen, schmalen Streifen auswalken, die Früchtestange darauf legen und zusammenrollen; zu einer Schnecke rollen, in eine große, gefettete Tortenform geben, mit zerlassener Butter bestreichen, nochmals gehen lassen und bei mittlerer Hitze backen; nach dem Backen mit Marmelade aus Trockenmarillen bestreichen und mit geriebenen Haselnüssen bestreuen.

Zubereitungszeit: ca. 100–120 Minuten

Germschnecken

K

Zutaten:

500 g Vollweizenmehl
20 g Germ
2 EL Honig
1/8 l Mineralwasser
4 EL Sauerrahm
2 Dotter
60 g Margarine
Meersalz
Zitronenschale, abgerieben
Margarine
Rosinen
Zimt
Birnendicksaft

Zubereitung: Aus frischgemahlenem Vollweizenmehl (Kleie ausgesiebt), Germ, Honig, Mineralwasser mit Sauerrahm vermischt, Eidottern, Margarine, einer Prise Meersalz und etwas Zitronenschale (ungespritzt) einen mittelfesten Teig machen; den Teig gehen lassen, ca. 1/2 cm dick auswalken und mit zerlassener Margarine bestreichen; gewaschene, gut abgetropfte Rosinen, Zimt und etwas Birnendicksaft darauf geben und den Teig einrollen; von der Rolle ca. 2 cm breite Scheiben abschneiden, mit der Schnittseite auf ein befettetes, bemehltes Blech legen und gehen lassen; im vorgeheizten Rohr bei Mittelhitze ca. 25 Minuten backen.

Zubereitungszeit: ca. 60–70 Minuten

Gugelhupf

K

Zutaten:

500 g Vollweizenmehl
30 g Germ
2–3 Dotter
80 g Butter
3 EL Honig
etwas Meersalz
3 EL Obers
Mineralwasser
80 g Rosinen
1 EL Rum
50 g Mandeln oder Haselnüsse

Zubereitung: Germ mit etwas lauwarmem Mineralwasser, je 1 EL Honig und Mehl zu einem Dampfl verarbeiten. Mehl, Dotter, Butter, Salz und Honig mit dem aufgegangenen Dampfl vermischen. Das Obers mit Mineralwasser verrühren, zum Teig geben, so viel Mineralwasser dazugeben, daß ein mittelfester Teig entsteht. Gut abschlagen, zum Schluß noch die mit Rum beträufelten Rosinen unterheben. Teig gehen lassen, Gugelhupfform mit Butter ausschmieren, mit den gestiftelten Mandeln oder grobgeriebenen Haselnüssen bestreuen, Teig einfüllen, nochmals gehen lassen. Bei 200 Grad ca. 25 Minuten backen, dann auf 170 Grad herunterschalten und fertig backen.

Zubereitungszeit: ca. 100–120 Minuten

Kletzenbrot

K

<u>*Zutaten:*</u>
500 g Kletzen
500 g Dörrzwetschken
500 g Feigen
250 g Rosinen
250 g Nüsse oder Kürbiskerne
Brotteig mit 1,5 kg Vollweizenmehl
Butter
1 EL Honig

<u>*Zubereitung:*</u> Man kocht Kletzen (getrocknete Birnen) und Dörrzwetschken weich, seiht sie ab und schneidet sie nudelig; ebenso schneidet man Feigen; Rosinen werden dazugemischt, nach Geschmack auch geschnittene Nüsse oder Kürbiskerne; der Saft der gekochten Kletzen und Zwetschken wird daruntergemischt und über Nacht stehengelassen.

Am nächsten Tag mit 1,5 kg Vollweizenmehl einen Brotteig (siehe „Vollkornbrot – Grundrezept", Seite 159) machen, die Hälfte davon in kleine Stücke reißen und unter die Früchte mischen; gut durchrühren, bis man fast keinen Teig sieht; die zweite Hälfte des Teiges dünn auswalken, in 2 oder 3 Teile teilen, jeden Teil mit der Fruchtmasse füllen und zu Wecken oder Laibchen formen; mit der eingeschlagenen Seite auf ein befettetes, bemehltes Backblech legen und mit erwärmter Butter, der man einen Löffel Honig beimengen kann, bestreichen; die Brote 1 Stunde gehen lassen und langsam ca. 45 Minuten backen.

Mohnschnecken

K

Zutaten:
Germteig
Fülle:
1/8 l Mineralwasser
300 g Mohn, gerieben
100 g Rosinen
4 EL Sauerrahm
2 EL Honig
Dörrzwetschken, klein geschnitten
Zitronenschale, abgerieben
Zimt
Butter

Zubereitung: Germteig wie für „Germschnecken" (Rezept Seite 181) zubereiten; Fülle: Mineralwasser, Mohn, Rosinen, Sauerrahm, Honig und eine Handvoll Dörrzwetschken, die Schale einer ungespritzten Zitrone und etwas Zimt gut aufkochen und auskühlen lassen; den Teig ca. 1 cm dick ausrollen, die Fülle aufstreichen, zusammenrollen, ca. 4 cm breite Stücke abschneiden und in eine befettete feuerfeste Form stellen; die Schnittfläche zeigt nach oben; Butterflocken daraufgeben und im Rohr goldbraun backen.

Zubereitungszeit: ca. 60–70 Minuten

Mohnstrudel

K

Zutaten:
500 g Vollweizenmehl
2 Dotter
Meersalz
1 EL Birnendicksaft
20 g Germ
Mineralwasser
Sauerrahm
Mohnfülle
Butter

Zubereitung: Einen mittelfesten Germteig bereiten aus Vollweizenmehl, Dottern, etwas Salz, 1 EL Birnendicksaft, Germ (die man in etwas lauwarmem Mineralwasser aufgehen läßt), einigen EL Sauerrahm und lauwarmem Mineralwasser (ca. 200 ml); den Teig gut abschlagen und zugedeckt gehen lassen; den Teig ausrollen, die erkaltete Fülle (Rezept unter „Mohnschnecken") daraufstreichen, einrollen und auf befettetem Backblech langsam backen; den Strudel kann man während des Backens mit zerlassener Butter bestreichen, dadurch wird er mürber.

Zubereitungszeit: ca. 90–100 Minuten

Nußbeugeln

K

Zutaten:
Germteig
Fülle:
200 g Hasel- oder Walnüsse
8 EL Sauerrahm
Mineralwasser
2 EL Honig
1/2 KL Zimt
Dotter

Zubereitung: Einen Germteig bereiten wie für „Germschnecken" (Rezept Seite 181); während er aufgeht, Haselnüsse oder Walnüsse fein reiben, Sauerrahm, etwas Mineralwasser, Honig, Zimt erwärmen, die Nüsse hineingeben und das Ganze kurze Zeit kochen und auskühlen lassen; den aufgegangenen Teig 1/2 cm dick auswalken und Dreiecke ausradeln; die Fülle auf die Teigstücke geben, von der Breitseite zusammenrollen, mit Dotter bestreichen und nochmals gehen lassen; im vorgeheizten Ofen bei Mittelhitze goldbraun backen.

Zubereitungszeit: ca. 80–90 Minuten

Topfenbuchteln

K

Zutaten:
Germteig
Fülle:
500 g trockener Magertopfen
1 EL Birnendicksaft
1 Handvoll Rosinen
Zitronenschale, abgerieben
1 Dotter
Margarine

Zubereitung: Einen Germteig bereiten wie für „Germschnecken" (Rezept Seite 181), der Teig soll nicht zu weich sein; gut gehen lassen, ca. 1 cm dick ausrollen, Vierecke schneiden und mit folgender Fülle füllen: Magertopfen passieren, Birnendicksaft, Rosinen, Zitronenschale und Dotter gut mischen; auf jedes Viereck 1 gehäuften EL Fülle geben, den Teig zusammenlegen, in zerlassener Margarine wälzen, mit der glatten Seite nach oben in eine feuerfeste Form geben und nochmals gehen lassen; ca. 30 Minuten bei Mittelhitze backen.

Zubereitungszeit: ca. 90–100 Minuten

Kuchen und Torten

Götterspeise

K

Zutaten:

Biskuitteig:

3 Dotter
3 EL Birnendicksaft
2 EL kaltgepreßtes Öl
150 g Vollkornmehl
1/2 Päckchen Backpulver
Zitronenschale, abgerieben
1 EL Obers
Trockenmarillen
1/4 l Mineralwasser
1/8 l Obers
Rum

Vanillecreme:

1/4 l Mineralwasser
1/8 l Obers
1 EL Birnendicksaft
2 Dotter
Vanillearoma
2 EL Buchweizenmehl oder Vollkornmehl
Schlagobers

Zubereitung: Dotter mit Birnendicksaft und Öl schaumig rühren, Mehl (vorher Kleie aussieben) mit Backpulver, Zitronenschale und, wenn der Teig zu fest ist, Obers daruntermischen, den gut vermengten Teig in eine gefettete, bemehlte Biskuitform geben und langsam backen; ausgekühlt in Schnitten schneiden; Trockenmarillen in wenig Wasser einweichen, faschieren und jede Schnitte damit bestreichen, schichtweise in eine Glasschüssel einlegen. Mineralwasser, Obers und Rum mischen, über die Schnitten geben. Vanillecreme im Wasserbad bereiten: Mineralwasser, Obers, Birnendicksaft, Dotter, Vanillearoma und Buchweizen- oder Vollkornmehl gut verrühren; im Wasserbad so lange schlagen, bis eine dickliche Masse entsteht; erkaltet über die Schnitten gießen; vor dem Servieren mit Schlagobers garnieren.

Zubereitungszeit: Biskuit ca. 40 Minuten
Creme ca. 30–35 Minuten

Haselnußtorte

K

Zutaten:
210 g Margarine
240 g Honig
3 Dotter
Zitronenschale, abgerieben
6–8 EL Obers
100 g Haselnüsse, fein gerieben
120 g Haselnüsse, grob gerieben
1/2 Päckchen Backpulver
210 g Vollkornmehl
Trockenmarillen
Schlagobers
Agar-Agar (Art Gelatine)
Haselnüsse, gerieben

Zubereitung: Margarine, Honig, Dotter und die abgeriebene Schale einer ungespritzten Zitrone flaumig rühren, mit ungeschlagenem Schlagobers, fein- und grobgeriebenen Haselnüssen, Backpulver und Vollkornmehl leicht vermengen, in eine kleine, befettete, gestaubte Tortenform geben und bei schwacher Mittelhitze backen; einmal durchschneiden und entweder mit Marmelade aus eingeweichten Trockenmarillen, die man faschiert und etwas eingekocht hat, oder mit Schlagobers, das mit Agar-Agar vermengt wurde, bestreichen; die Torte oben und an den Seiten mit Schlagobers bestreichen oder bespritzen und mit geriebenen Haselnüssen bestreuen.

Zubereitungszeit: ca. 60–70 Minuten

Heidelbeerkuchen

K

Zutaten:
100 g Vollkornmehl
150 g Buchweizenmehl
50 g Butter oder Margarine
2 EL Honig
Sauerrahm oder Obers
Haferflocken
Heidelbeeren

Zubereitung: Vollkornmehl, Buchweizenmehl, Butter oder Margarine und Honig gut abkneten; ist der Teig zu fest, etwas Sauerrahm oder Obers dazugeben; in 2 Hälften teilen, 1/2 cm dick auswalken, einen Teil auf das Blech legen, darüber leicht angeröstete Haferflocken streuen und die Heidelbeeren darauf geben; eventuell ein wenig Honig darüberträufeln; den zweiten Teil des Teiges darauf legen und bei 180 Grad ca. 45 Minuten backen.

Tip: Als Belag kann man statt Heidelbeeren auch Birnenspalten nehmen.

Zubereitungszeit: ca. 70–80 Minuten

Mandel-Marillen-Schnitten

K

Zutaten:

Mürbteig:

250 g Vollkornmehl
2 EL Birnendicksaft
140 g Margarine
2 Dotter
100 g Mandeln, fein gerieben
Prise Zimt

Fülle:

150 g Mandeln, mit der Schale gerieben
2 EL Birnendicksaft
150 g Trockenmarillen
1 EL Rum
Zitronenschale, abgerieben
Marmelade aus Trockenmarillen
Mandeln, fein gemahlen

Zubereitung: Vollkornmehl, Birnendicksaft, Margarine, Dotter, 100 g feingeriebene Mandeln und Zimt rasch zu einem Mürbteig verarbeiten und mindestens 30 Minuten im Kühlschrank rasten lassen; inzwischen 150 g Mandeln mit der Schale fein reiben, mit 2 EL Birnendicksaft, Trockenmarillen, die man in wenig Wasser weich gedünstet hat, Rum und der abgeriebenen Schale einer ungespritzten Zitrone gut vermischen; den Teig nicht zu dünn ausrollen, in 2 Rechtecke schneiden, eine Hälfte auf ein befettetes, bemehltes Blech legen, die Fülle daraufstreichen, die zweite Teighälfte darauf legen und bei mittlerer Hitze 30 Minuten backen; nach dem Backen den Kuchen mit Marmelade aus Trockenmarillen bestreichen, mit Mandeln bestreuen und in Schnitten schneiden.

Tip: Marmelade aus Trockenmarillen hält sich nicht lange.

Zubereitungszeit: ca. 90 Minuten

Mohnstrudel aus Mürbteig

K

Zutaten:
Mürbteig
Fülle:
1/8 l Mineralwasser
300 g Mohn, gerieben
100 g Rosinen
4 EL Sauerrahm
2 EL Honig
Dörrzwetschken, klein geschnitten
Zitronenschale, abgerieben
Zimt
Butter oder Margarine

Zubereitung: Aus dem gleichen Teig, den man für „Waldviertler Mohnknödel, gebakken" (Rezept Seite 190) verwendet, kann man auch einen Mohnstrudel machen; man walkt den Teig ca. 1/2 cm dünn aus, streicht die Fülle (Rezept bei „Mohnschnecken", Seite 183) in der Mitte des Fleckens auf, legt ihn links und rechts zusammen und gibt ihn auf ein befettetes Blech; der Strudel wird mit zerlassener Margarine bestrichen und langsam gebacken; aus der unter „Waldviertler Mohnknödel" angegebenen Menge erhält man 2 Strudel.

Zubereitungszeit: ca. 120–130 Minuten

Nußtorte aus Rührteig

K

Zutaten:
100 g Butter
100 g Honig
100 g Birnendicksaft
4 Dotter
280 g Vollkornmehl, frisch gemahlen
280 g Nüsse, gerieben
1 Päckchen Backpulver
Zitronenschale, abgerieben
Prise Meersalz
2–3 EL Sauerrahm
Creme:
1 große Banane
10–12 weiche Dörrzwetschken
50 g Butter
Obers nach Bedarf
Walnüsse, gerieben
Schlagobers

Zubereitung: Erweichte Butter mit Honig, Birnendicksaft und Dottern schaumig rühren, Mehl, Nüsse, Backpulver, Zitronenschale und Salz gut vermischen und zum Abtrieb geben; alles gut verrühren; nach Bedarf mit Sauerrahm zu einem mittelfesten Teig vermengen, in eine befettete, bemehlte Tortenform füllen, bei schwacher Mittelhitze backen. Creme: Banane, weiche kernlose Dörrzwetschken, Butter und wenn nötig Obers im Mixer flaumig rühren, über die Torte streichen, mit geriebenen Walnüssen bestreuen, mit Schlagobers verzieren.

Anmerkung: Diese Masse reicht für eine Tortenform mit 25 cm Durchmesser, für die Größe von 20 cm nimmt man nur 2/3 der angegebenen Menge.

Zubereitungszeit: ca. 80 Minuten

Topfenstrudel aus Mürbteig

K

Zutaten:
Mürbteig
Fülle:
500 g trockener Magertopfen
1 Dotter
2 EL Honig
Zitronenschale, abgerieben
Rosinen

Zubereitung: Den Teig wie für „Waldviertler Mohnknödel" (Rezept Seite 190) bereiten und mit nachstehender Fülle bestreichen: Magertopfen wird passiert, mit Dotter, Honig, Zitronenschale (ungespritzt) und Rosinen vermengt. Weiter behandeln wie „Mohnstrudel".

Zubereitungszeit: ca. 120–130 Minuten

Topfentorte

K

Zutaten:
250 g Vollkornmehl
1/2 Packerl Backpulver
100 g Margarine
1 EL Honig
1 Dotter
1 EL Sauerrahm
1 große Banane
Fülle:
300 g Topfen
1 Dotter
1 EL Honig
100 g Haselnüsse, grob geraffelt
Zitronenschale, abgerieben
1 EL Sauerrahm

Zubereitung: Vollkornmehl (Kleie aussieben) mit 1/2 Packerl Backpulver mischen und mit Margarine abbröseln; 1 EL Honig und 1 Dotter dazugeben und rasch einen Teig machen (ist er zu fest, 1 EL Sauerrahm dazugeben!); wenn möglich, im Kühlschrank etwas rasten lassen; in einer befetteten und gestaubten Tortenform Boden und Rand mit dem Teig auslegen. Eine große Banane zerdrücken und auf den Teigboden streichen. Topfen, 1 Dotter, 1 EL Honig, grob geraffelte Haselnüsse, Zitronenschale und – falls der Topfen sehr trocken ist – 1 EL Rahm dazugeben; alles gut vermengen, auf den Bananen-Teigboden aufstreichen und langsam backen.

Zubereitungszeit: ca. 60–70 Minuten

Waldviertler Mohnknödel, gebacken K

Zutaten:
500 g Vollweizenmehl
3 Dotter
150 g Honig
200 g Margarine
Prise Meersalz
Sauerrahm

Fülle:
300 g Mohn, fein gemahlen
150 g Dörrzwetschken
Mineralwasser
4 EL Sauerrahm
3 EL Honig
Zitronenschale, abgerieben
Zimt
Schuß Rum

Zubereitung: Aus Vollweizenmehl (Kleie aussieben), Dottern, Honig, Margarine, Salz und Sauerrahm (soviel ein geschmeidiger Mürbteig verlangt) wird möglichst rasch ein Teig geknetet und ca. 1 Stunde im Kühlschrank rasten gelassen; in der Zwischenzeit mahlt man Mohn so fein wie möglich, schneidet Dörrzwetschken in Streifen, kocht beides in so viel Mineralwasser, Sauerrahm, Honig, der abgeriebenen Schale einer ungespritzten Zitrone und etwas Zimt, bis eine feste Masse entsteht (Vorsicht, brennt leicht an!) und gibt – wenn abgekühlt – einen Schuß Rum dazu; den Teig formt man zu einer Rolle, teilt ihn in 12 Teile, arbeitet jeden Teil zu einem runden Flecken, gibt jeweils 1 EL von der Fülle darauf, formt zu einem Knödel, legt ihn mit der zusammengedrückten Seite nach unten auf das befettete und gestaubte Backblech, drückt ihn breit (ca. 1,5 bis 2 cm), bäckt bei mittlerer Hitze halbfertig, dreht ihn um und bäckt fertig.

Zubereitungszeit: ca. 120–130 Minuten

Kleine Bäckereien

Haferflockenmakronen

K

Zutaten:
200 g Haferflocken
2 x 40 g Butter
2 Dotter
3 EL Honig
Zitronenschale, abgerieben
100 g Haselnüsse, gerieben
1/2 Päckchen Backpulver

Zubereitung: Haferflocken in Butter anrösten, Butter mit Dotter und Honig sowie abgeriebener Zitronenschale schaumig rühren, dann Haferflocken, Haselnüsse und Backpulver hinzufügen, abmischen; kleine Häufchen auf ein befettetes Backblech setzen und bei mittlerer Hitze goldgelb backen.

Zubereitungszeit: ca. 35–40 Minuten

Haferflockenrahm-Keks

K

Zutaten:
250 g Vollkornmehl
150 g Butter
200 g Haferflocken
3 EL Honig
2 Dotter
1/8 l Sauerrahm
1/2 Päckchen Backpulver
1 EL Rum
Zitronenschale, abgerieben
Dotter
Birnendicksaft

Zubereitung: Aus Mehl, Butter, Haferflocken, Honig, Dottern, Sauerrahm, Backpulver, Rum und abgeriebener Zitronenschale einen Mürbteig bereiten, 30 Minuten rasten lassen; den Teig dünn auswalken, beliebige Formen ausstechen, mit Dotter und nach Belieben mit Birnendicksaft bestreichen und bei guter Hitze backen.

Zubereitungszeit: ca. 50–60 Minuten

Hollywood-Schnitten

K

Zutaten:
3 Tassen Weizenkleie
2 Tassen Buttermilch
2 Dotter
1 Tasse Honig
1/2 Tasse kaltgepreßtes Öl
3 KL Backpulver
2 Tassen Vollkornmehl
Zitronenschale, abgerieben
1 1/2 Tassen Trockenäpfel
1 KL Zimt
1 Tasse Rosinen
1 Tasse Nüsse, grob gerieben

Zubereitung: Weizenkleie mit 1 Tasse kochendem Wasser übergießen, Buttermilch, Dotter, Honig und Öl einrühren, Backpulver mit Mehl vermengen und dazumischen. Zitronenschale und die erweichten, gehackten Trockenäpfel sowie Zimt, Rosinen und Nüsse daruntermengen, Masse in eine Kuchenform geben, bei mittlerer Hitze 20–25 Minuten backen.

Tip: Man kann auch kleingeschnittene Feigen dazugeben.
Wegen der Weizenkleie ist der Kuchen bei Verdauungsbeschwerden sehr zu empfehlen.

Zubereitungszeit: ca. 50–60 Minuten

Käsestangerln

K

Zutaten:
250 g Vollweizenmehl
200 g Butter
200 g Hartkäse (ab 55% F. i. d. Tr.)
1 Dotter
Meersalz
1 Dotter
Käse, gerieben

Zubereitung: Mehl, Butter, geriebener Hartkäse, Dotter und Salz rasch zu einem Mürbteig kneten. 30 Minuten kühl rasten lassen. Teig auswalken, mit Dotter, den man mit ein paar Tropfen Wasser gut verschlagen hat, bestreichen; mit Käse bestreuen, mit dem Teigrad in Streifen schneiden, auf ein befettetes, bemehltes Blech legen und nicht zu dunkel backen.

Tip: Diese Stangerln kann man statt mit Käse auch mit grobem Meersalz, mit Kümmel oder mit Mohn bestreuen.

Zubereitungszeit: ca. 60–65 Minuten

Kümmelstangerln

K

Zutaten:
300 g Vollkornmehl
1/2 Päckchen Backpulver
Meersalz
1 Dotter
150 g Margarine
Sauerrahm
Dotter
Meersalz
Kümmel

Zubereitung: Mehl mit Backpulver mischen, etwas Meersalz, Dotter und Margarine dazugeben, alles gut abbröseln und noch so viel Sauerrahm einarbeiten, bis sich der Teig gut kneten läßt; Teig schnell abarbeiten, damit er nicht zu warm wird, bricht sonst leicht; Teig messerrückendick auswalken, Stangerln ausradeln, mit Dotter, dem etwas Wasser beigegeben wurde, bestreichen und mit Salz und Kümmel bestreuen; bei mittlerer Hitze backen (wird leicht braun!).

Zubereitungszeit: ca. 40–45 Minuten

Lebkuchen

K

Zutaten:
450 g Honig
60 g Butter oder Margarine
1/8 l Obers
600 g Vollkornmehl
1 Päckchen Backpulver
120 g Nüsse, gemahlen
Orangenschale, abgerieben
Zitronenschale, abgerieben
1/2 Päckchen Lebkuchengewürz
etwas Kardamom
3 Dotter
1 Dotter
etwas Honig
Nüsse oder Mandeln

Zubereitung: Honig, Butter oder Margarine und Obers erwärmen; frischgemahlenes Vollkornmehl und Backpulver dazumischen, ebenso gemahlene Nüsse, die abgeriebene Schale einer ungespritzten Orange und einer ungespritzten Zitrone, 1/2 Päckchen Lebkuchengewürz, etwas Kardamom und 3 Dotter; einen Teig kneten und in Folie gewickelt 2 Stunden rasten lassen; auf ein gefettetes Blech ca. 1 cm dick aufstreichen (Spachtel immer wieder in Wasser tauchen); 1 Dotter und etwas Honig abschlagen, den Teig damit bestreichen und mit Nüssen oder Mandeln belegen; bei mittlerer Hitze ca. 30 Minuten backen und überkühlt in Stücke schneiden.

Tip: Den Lebkuchen in Blechdosen geben, hält sich darin lange frisch.

Zubereitungszeit: ca. 180–200 Minuten

Lebkuchen, gefüllt

K

Zutaten:
Lebkuchenteig
Fülle:
150 g Haselnüsse, gerieben
etwas Rum
100 g Rosinen
100 g Trockenmarillen
2 EL Honig
etwas Zimt
Zitronenschale, abgerieben
1 Dotter
etwas Honig
Mandeln, gehackt

Zubereitung: Lebkuchenteig (Rezept „Lebkuchen", Seite 193) zubereiten, die Hälfte des Teigs auf ein befettetes Blech streichen und folgende Fülle darauf verteilen: geriebene Haselnüsse in Rum einweichen, Rosinen und Trockenmarillen hacken, mit Honig, Zimt und Zitronenschale gut vermischen; die zweite Teighälfte auswalken und auf die Fülle legen; mit Dotter-Honig-Gemisch (Dotter mit Honig abschlagen) bestreichen, mit gehackten Mandeln bestreuen und bei mittlerer Hitze ca. 30 Minuen backen.

Zubereitungszeit: ca. 220 Minuten

Linzer Mandelbusserln

K

Zutaten:
280 g Vollkornmehl
210 g Margarine
110 g ungeschälte Mandeln, fein gerieben
Prise Meersalz
2 EL Birnendicksaft
1 Dotter
Zitronenschale, abgerieben
1 KL Zimt
1 KL Neugewürz
Obers
halbierte Mandeln

Zubereitung: Vollkornmehl, Margarine, Mandeln, Salz, Birnendicksaft, Dotter, die Schale einer halben Zitrone (ungespritzt), Zimt und Neugewürz vermengt man gut; ist der Teig zu fest, gibt man etwas Obers dazu. Nun werden kleine Kugeln geformt, auf das befettete und gestaubte Backblech gelegt und jede Kugel mit einer halben, abgezogenen Mandel belegt (die Mandeln im kochenden Wasser einige Male aufwallen lassen, dann läßt sich die Haut gut abziehen); bei mittlerer Hitze langsam backen.

Anmerkung: Bäckereien aus Vollkornmehl werden leicht zu braun, daher vorsichtig backen.

Zubereitungszeit: ca. 40–45 Minuten

Nußbusserln

K

Zutaten:

200 g Nüsse, gerieben
200 g Vollkornmehl
3 EL Birnendicksaft
1/2 Päckchen Backpulver
2 Dotter
Walnußhälften

Zubereitung: Aus Nüssen, Vollkornmehl (Kleie aussieben), Birnendicksaft, 1/2 Päckchen Backpulver und Dottern einen Teig bereiten; kleine Kugeln formen, auf jede Kugel 1/2 Walnuß drücken und langsam backen.

Zubereitungszeit: ca. 35–40 Minuten

Nuß-Honig-Scheibchen

K

Zutaten:

250 g Vollweizenmehl
125 g Margarine oder Butter
2 Dotter
100 g Birnendicksaft
Zitronenschale, abgerieben
Meersalz

Fülle:

200 g Birnendicksaft
200 g Nüsse, fein gerieben
etwas Zimt
Kochsud von Dörrzwetschken

Zubereitung: Vollweizenmehl mit Margarine oder Butter abbröseln, mit Dottern, 100 g Birnendicksaft, der abgeriebenen Schale einer ungespritzten Zitrone und 1 Prise Meersalz rasch zu einem Mürbteig verarbeiten; 30 Minuten kalt rasten lassen, ausrollen und runde Scheiben ausstechen; auf befettetem Blech bei ca. 220 Grad backen; nach dem Abkühlen mit folgender Fülle zusammensetzen: 200 g Birnendicksaft, feingeriebene Nüsse, etwas Zimt und – wenn nötig – Kochsud von Dörrzwetschken gut vermengen.

Zubereitungszeit: ca. 70–80 Minuten

Topfenbuttertascherln

K

Zutaten:
150 g Topfen
60 g Butter
60 g Margarine
125 g Vollkornmehl
Meersalz
1 EL Rum
Birnendicksaft
1 Dotter

Zwetschkenfülle:
Dörrzwetschken
Birnendicksaft
Rum

Marillenfülle:
Trockenmarillen
Birnendicksaft
Obers

Topfenfülle:
Topfen
Dotter
Birnendicksaft
Zitronenschale
Vanillearoma
Rosinen

Nußfülle:
Nüsse, gerieben
Birnendicksaft
Rum

Zubereitung: Topfen, Butter, Margarine und Vollkornmehl (nicht ausgesiebt) werden mit etwas Meersalz und Rum zu einem Teig verarbeitet, der 1 Stunde kühl rasten soll; dann wird der Teig so dünn wie möglich ausgewalkt; mit einem runden Ausstecher von ca. 6 cm Durchmesser werden Formen ausgestochen, mit 1/2 KL von einer der nachstehenden Massen gefüllt, die Ränder übergeschlagen, festgedrückt und mit einer Mischung von Birnendicksaft und Eidotter bestrichen; die Tascherln werden im Rohr bei starker Hitze ca. 10 Minuten lang gebacken.

Zwetschkenfülle: Dörrzwetschken werden mit etwas Birnendicksaft und Rum im Mixer grob zerkleinert.

Marillenfülle: Getrocknete Marillen werden mit etwas Birnendicksaft und Obers im Mixer grob zerkleinert.

Topfenfülle: Topfen, Dotter, Birnendicksaft, Zitronenschale und Vanillearoma werden gut vermischt; eventuell Rosinen beigeben.

Nußfülle: Geriebene Nüsse werden mit Birnendicksaft und Rum vermischt.

Zubereitungszeit: ca. 100–110 Minuten

Topfentascherln

K

Zutaten:
350 g Vollkornmehl
350 g trockener Topfen
350 g Butter oder Margarine
1/2 Päckchen Backpulver
Fülle:
Marmelade aus Trockenobst
oder Mohnfülle:
Mohn, gerieben
Honig
Zimt
1 EL Rum
1 Dotter
Honig

Zubereitung: Aus Mehl, Topfen, Butter oder Margarine und Backpulver rasch einen Mürbteig kneten, ca. 60 Minuten im Kühlschrank rasten lassen; inzwischen kann man die Marmelade (Trockenobst im Wasser weich kochen, im Mixer pürieren) oder die Mohnfülle zubereiten: Mohn in etwas Wasser mit Honig, Zimt und Rum aufkochen, auskühlen lassen; Teig auswalken, Fülle auf 1 Teighälfte verteilen, 2. Teighälfte darüberlegen, Taschen ausradeln, mit Dotter-Honig-Gemisch bestreichen, auf Blech legen, bei 200 Grad goldgelb backen.

Zubereitungszeit: ca. 120–130 Minuten

Vanillekipferln

K

Zutaten:
300 g Vollkornmehl
200 g Margarine oder Butter
120 g Mandeln oder Haselnüsse, feinst gerieben
2 EL Birnendicksaft
Inneres einer Vanilleschote
Zimt
Birnendicksaft

Zubereitung: Mehl (Kleie aussieben) mit Margarine oder Butter, Mandeln oder Haselnüssen, Birnendicksaft, dem Inneren einer Vanilleschote und etwas Zimt rasch zu einem Teig verarbeiten; mindestens 60 Minuten rasten lassen; Kipferln formen, auf befettetem, bemehltem Blech backen, noch heiß, statt in Zucker zu rollen, mit Birnendicksaft (in den etwas Vanille aus der Schote eingerührt wurde) bestreichen und trocknen lassen.

Zubereitungszeit: ca. 100 Minuten

NACHSPEISEN zu Kohlehydratmahlzeiten

Nachstehende Rezepte sind nur nach einer Kohlehydratmahlzeit erlaubt.

Bananen, gebraten

Zutaten:
Bananen
Butter
Birnendicksaft
Schlagobers
Mandeln, gehackt

Zubereitung: Halbierte Bananen in Butter braten und etwas Birnendicksaft mitdünsten lassen; die Bananen anrichten, die Flüssigkeit aus der Pfanne darübergießen und mit Schlagobers und gehackten Mandeln garnieren.

Zubereitungszeit: ca. 20 Minuten

Bananenkaltschale

Zutaten:
1 Becher Sauerrahm
3–4 EL Buttermilch
2 EL Birnendicksaft
2 Bananen, zerdrückt
1 Tasse Hirseflocken

Zubereitung: Sauerrahm mit Buttermilch, Birnendicksaft und den zerdrückten Bananen gut vermischen; mit Hirseflocken bestreuen.

Zubereitungszeit: ca. 10 Minuten

Datteln, gefüllt

Zutaten:
große Datteln
Wal- oder Haselnüsse, gerieben
Trockenmarillen

Zubereitung: Große getrocknete oder – noch besser – frische Datteln schneidet man der Länge nach auf einer Seite ein und nimmt den Kern heraus; man reibt Walnüsse oder Haselnüsse fein, gibt so viel erweichte, faschierte Trockenmarillen dazu, bis ein dicker Teig daraus wird, füllt die Datteln damit und fügt sie zusammen.

Zubereitungszeit: ca. 10–15 Minuten

Haferflockendessert

Zutaten:
Haferflocken
Butter
Birnendicksaft
Heidelbeeren
Schlagobers

Zubereitung: Haferflocken werden in Butter und Birnendicksaft leicht angeröstet und abwechselnd mit Heidelbeeren und Schlagobers schichtweise in Glasschalen angerichtet.

Zubereitungszeit: ca. 10–15 Minuten

Heidelbeerberg

Zutaten:
Heidelbeeren
Birnendicksaft
Schlagobers
Walnüsse, fein gerieben

Zubereitung: Frische oder tiefgekühlte Heidelbeeren mit etwas Birnendicksaft vermischen und durchziehen lassen; Schlagobers schlagen, die Heidelbeeren und Walnüsse daruntergeben, in Glasschüsserln bergartig anrichten und mit Heidelbeeren und einer Walnuß garnieren.

Zubereitungszeit: ca. 10 Minuten

Reisdessert

Zutaten:
Vollreis, gekocht
Datteln
Trockenmarillen
Nüsse, gehackt
Bananen
Birnendicksaft
Schlagobers

Zubereitung: Vollreis mit kleingeschnittenen Datteln, gehackten oder gemixten Trockenmarillen, gehackten Nüssen, geschnittenen Bananen, Birnendicksaft und Schlagobers mischen.

Zubereitungszeit: ca. 35–40 Minuten

Topfencreme mit Bananen

Zutaten:
Magertopfen
Obers
Bananen
Rosinen
Honig
Nüsse, gerieben
Schlagobers

Zubereitung: Magertopfen mit Obers gut verrühren, kleinwürfelig geschnittene Bananen und gehackte Rosinen dazugeben, nach Bedarf mit Honig süßen und mit geriebenen Nüssen bestreuen, eventuell auch mit Schlagobers verzieren.

Zubereitungszeit: ca. 10–15 Minuten

Topfencreme mit Heidelbeeren

Zutaten:
Magertopfen
Obers
Heidelbeeren
Honig
Walnüsse, grob gerieben
Schlagobers

Zubereitung: Magertopfen wird mit so viel Obers gut verrührt, bis eine cremige Masse entsteht; Heidelbeeren werden mit Honig gemischt (die Beeren können auch zerdrückt werden), mit dem Topfen vermengt, Walnüsse dazugeben, in Glasschalen anrichten und eventuell mit einem Tupfen Schlagobers verzieren.

Zubereitungszeit: ca. 10–15 Minuten

Topfendessert mit Trockenobst

Zutaten:
500 g Magertopfen
3 EL Obers
Mineralwasser
2–3 EL Honig
Trockenfrüchte (Marillen, Zwetschken usw.)
Schlagobers nach Belieben

Zubereitung: Magertopfen mit Obers passieren und so viel Mineralwasser zugeben, bis eine cremige Masse entsteht; Honig zugeben und die Masse rühren, bis sie schaumig ist; dann in wenig Wasser eingeweichte kleingeschnittene Trockenfrüchte daruntermischen, auch den Saft der Früchte mitverwenden; Masse in Glasschüsserln füllen, mit einem Stück Trockenobst und auf Wunsch mit einem Tupfen Schlagobers verzieren.

Zubereitungszeit: ca. 20 Minuten

Topfen-Vanillecreme

Zutaten:
1 Päckchen Vanillepudding-pulver
3/8 l Mineralwasser
1/8 l Obers
200 g Magertopfen
1/8 l Obers
2 EL Birnendicksaft
Schlagobers
Sesam

Zubereitung: Aus Vanillepuddingpulver, Mineralwasser und 1/8 l Obers eine Vanillecreme kochen (während des Auskühlens öfters umrühren oder gut zudecken, damit keine Haut entsteht); Magertopfen passieren, mit 1/8 l Obers und Birnendicksaft schaumig schlagen, den Pudding darunterrühren, in Schalen geben und mit etwas Schlagobers verzieren oder mit leicht angeröstetem Sesam bestreuen.

Zubereitungszeit: ca. 25–30 Minuten

Vanilleeis

Zutaten:
2 Dotter
2 EL Birnendicksaft
Inneres einer Vanilleschote
1/4 l Schlagobers

Zubereitung: Dotter mit Birnendicksaft und etwas Vanille schaumig schlagen und mit Schlagobers vorsichtig mischen; im Tiefkühlfach mindestens 2 Stunden festwerden lassen.

Tip: Haselnußeis wird wie „Vanilleeis" zubereitet; statt Vanille werden 50 g geröstete, feingeriebene Haselnüsse und 1 EL Rum daruntergemischt.

GETRÄNKE

Warme Getränke

TEE
Schwarztee sollte man meiden. Es gibt jedoch eine große Auswahl an Kräutertees und Kräutermischungen, die zu allen Mahlzeiten getrunken werden können. Man sollte auch nicht immer den gleichen Tee trinken, sondern öfter wechseln; ausgenommen sind Heiltees, die vom Arzt verordnet werden.

KAFFEE
Kaffee ist wegen seiner Röststoffe und des Koffeins nicht zuträglich. Dies gilt nicht nur für Bohnenkaffee, sondern auch für Malzkaffee.

KAKAO
Kakao ist ebenfalls wegen seiner Röststoffe zu meiden.

FRUCHTGETRÄNKE
Zu Kohlehydratmahlzeiten dürfen weder kalte noch warme Fruchtgetränke serviert werden. Bei Erkältungen sind warme Fruchtgetränke mit Zitronen-, Orangen- oder Grapefruitsaft sehr zu empfehlen.

Kalte Getränke

KRÄUTERTEE
Gekühlte Kräutertees, mit etwas Honig gesüßt, schmecken ausgezeichnet und sind im Sommer Durstlöscher.

FRISCHGEPRESSTE OBSTSÄFTE
Diese sind sehr gesund und durstlöschend. Im Sommer und Herbst kann man dazu Fallobst verwenden.

GEMÜSESÄFTE
Dafür kann man fast alle Gemüsesorten verwenden. Rote-Rüben- und Karottensäfte sind ja bekannt, man kann aber auch Gurken-, Spinat- oder Tomatensaft dazumischen, eventuell auch einige Blätter von Wildkräutern. Obst- und Gemüsesäfte sollen aber nicht die Rohkostsalate verdrängen, denn unser Verdauungsapparat benötigt dringend die Ballaststoffe, die beim Pressen von Säften verlorengehen.

MILCHGETRÄNKE

Bekommt man nichtpasteurisierte Milch, so ist diese der pasteurisierten auf jeden Fall vorzuziehen. Nichtpasteurisierte Buttermilch ist neutral, alle anderen Milcharten dürfen zu Kohlehydratmahlzeiten nicht getrunken werden. Sehr gut schmecken Milchmixgetränke mit Bananen, jeder Art von Beeren, Zitronen, Orangen usw. Sehr gesund und durstlöschend ist auch Molke, die bei der Bereitung von Topfen anfällt.

ALKOHOLISCHE GETRÄNKE

Von Schnäpsen und Likören ist abzuraten, sie belasten die Verdauungsorgane und sind für Herz und Leber nicht zuträglich. Bei Gicht und Rheuma sollte man Alkohol überhaupt meiden. Ob ein Glas guter Rotwein oder Bier getrunken werden kann, soll bei Kranken der Arzt entscheiden. Auch der bei uns so beliebte Most (vergorener Apfel- oder Birnensaft) sollte nur eingeschränkt genossen werden.

Alphabetisches Register

Apfel-Topfen-Strudel 169
Apfelsoße 151
Apfelstrudel aus Trockenäpfeln 168
Avocadoaufstrich 157
Avocadosoße 151

Bananen, gebraten 198
Bananenkaltschale 198
Bananenreis 90
Barben auf Basilikum 112
Bärlauchsoße 153
Besoffener Kapuziner I 169
Besoffener Kapuziner II 176
Bircher-Benner-Kartoffeln 74
Birnenstrudel 170
Blaukrautsalat 26
Blechkrapfen 177
Böhmische Dalken 178
Bratkartoffeln aus dem Rohr 74
Brennesselsuppe 43
Broccoli 57
Bröselknöderln 41
Bröselnudeln 84
Brotsuppe 43
Buchweizen, pikant 106
Buchweizenfülle 105
Buchweizenknödel 105
Buchweizenplinsen 106
Butternockerln 41

Chinakohlgemüse 57
Chinakohlsalat 27
Chinakohlsuppe 44
Curry-Seehecht 113
Currybraten 121

Datteln, gefüllt 198
Dillsoße 154
Dinkel-Ofennudeln 103
Dinkel-Topfen-Pudding 104
Dinkelauflauf mit Gemüse 101
Dinkelflockenmüsli 23
Dinkelgrießmüsli 23
Dinkelgrießschnitten 102
Dinkelkranz 102
Dinkellaibchen 103
Dinkelreis-Bratlinge 104
Dinkelreisrollen 104
Dinkelschrotmüsli 23
Dotter-Zwiebel-Aufstrich 157

Eingetropftes 41
Einmachsuppe 44
Endiviensalat 27
Erbsensuppe 44
Erdbeerknödel, gebacken 171

Falscher Wildhase 133
Farmers Fisolensalat 27
Faschierte Hühnerlaibchen 125
Faschierte Kalbfleischkugeln 122
Faschierte Laibchen 122
Faschierte Röllchen mit Gemüse 123
Faschierter Braten 123
Faschiertes Rindfleisch 138
Faschiertes, südländisch 124
Fenchel-Apfel-Salat 28
Fenchelsalat 28
Feuerflecken 160
Fisch, gegrillt (Grundrezep) 111
Fisch, gekocht (Grundrezept) 112
Fischbeuschelsuppe 45
Fischcremesuppe 45
Fischfilet, gedünstet 113
Fischfond (Grundrezept) 112
Fischgeschnetzeltes 114
Fischgulasch 114
Fischlaibchen 115
Fischsulz 115
Fisolengulasch 58

Folienkartoffeln mit Kräuterbutter 75
Forelle blau 115
Forelle in Aspik 116
Forelle mit Knoblauch 117
Forelle, gedünstet 116
Forelle, in der Folie gebraten 116
Französischer Salat 28
Früchtebrot 179
Früchtekuchen aus der Krim 180
Frühlingskräutersuppe 46
Fünfkorn- oder Sechskornmüsli 24

Gefüllte Paprika 124
Gefüllte Taschen 164
Gefülltes Huhn im Römertopf 125
Gemüse mit Weizen im Römertopf 60
Gemüsebouillon (Grundrezept) 40
Gemüsecremesuppe 46
Gemüsegulasch 58
Gemüselaibchen 59
Gemüselaibchen mit Getreideflocken 59
Gemüsepfanne mit Schafkäse 60
Gemüsereis 91
Gemüsesuppe (gekocht) 47
Gemüsesuppe (roh) 48
Gemüsesuppe (roh) mit Joghurt 48
Germknödel 171
Germknödel aus Heidenmehl 107
Germschnecken 181
Gerstenmüsli 24
Gervais-Kräuterbutter 157
Geschnetzeltes Rindfleisch 138
Gesundheitssuppe 49
Gewürzhuhn 126
Götterspeise 185
Grahamgebäck 161
Grieß-Gerste-Laibchen 99
Grießauflauf 98
Grießbrei 98
Grießknödel 99
Grießkuchen 99
Grießnockerln 42
Grießschmarren 100
Grießsterz 100
Grießsuppe 49
Grüne Heringe 117
Grüner Salat 29
Gugelhupf 181
Gurkenreis 91
Gurkensalat 29
Gurkensuppe 50
Gurkensuppe (kalt) 50

Haferflockenbrei (Porridge) 25
Haferflockendessert 199
Haferflockenmakronen 191
Haferflockenmüsli 25
Haferflockennockerln 42
Haferflockenrahm-Keks 191
Haferflockensuppe 51
Haselnußtorte 186
Hefedressing 151
Heidelbeerkuchen 186
Heidelbeerstrudel 172
Heidensterz 107
Herbstlicher Lammeintopf 135
Herbstlicher Soja-Gemüsetopf 144
Heringsalat 29
Hirse (Grundrezept) 94
Hirse-Birnen-Speise 95
Hirse-Früchtespeise 95
Hirse-Gemüsespeise 96
Hirseauflauf 94
Hirsebusserln 95
Hirsepalatschinken 96
Hirseschnitzel 96
Hirsesterz 97
Hirsetorte 97
Holländische Soße 154
Hollywood-Schnitten 192
Hühnerbrust in Gelee 127
Hühnerbrust, gefüllt 126
Hühnerbrust, gegrillt 127
Hühnerbrust, überbacken 128
Hühnergeschnetzeltes 128
Hühnersalat 30

Hühnerschnitzerl (natur) 128
Hühnertopf 129
Husarenkoteletts 130

Irish-Stew 135

Joghurt-Schnittlauch-Dressing 152
Joghurtdressing 157

Kalbsgulasch 131
Kalbsknochensuppe 51
Kalbskoteletts (natur) 132
Kalbskoteletts mit Wurzeln und Kräutern 131
Kalbsrollbraten, gefüllt 132
Kalbsschnitzerl (natur) 133
Kaltes Huhn auf gemischtem Salat 129
Kaninchen 134
Kaninchenragout 134
Kapernsoße 154
Karfiol 61
Karfiol mit Bröseln 62
Karfiol, eingemacht 61
Karfiol, gratiniert 62
Karfiolauflauf 61
Karfiolsalat (gekocht) 30
Karfiolsalat (roh) 30
Karfiolsuppe 52
Karotten-Apfel-Salat 31
Karotten, gedünstet 62
Karottensalat 30
Karottensuppe, italienisch 52
Kartoffelbrot 161
Kartoffelgulasch 75
Kartoffelkäse 76
Kartoffelkrapferln 76
Kartoffeln mit Butter 77
Kartoffeln, geröstet 76
Kartoffelnudeln, gebacken 77
Kartoffelnudeln, gekocht 78
Kartoffelpuffer 78
Kartoffelpuffer mit Zwiebeln 78
Kartoffelpüree (natur) 79
Kartoffelpüree, überbacken 79
Kartoffelsalat 31
Kartoffelsterz 80
Käse-Fisch-Filet 118
Käseaufstrich 158
Käsecremesuppe 52
Käseknödel 164
Käsenudeln 84
Käsesalat 31
Käseschnitten 42
Käsesoße 155
Käsestangerln 192
Kletzenbrot 182
Knoblauch-Rahm-Soße 152
Knoblauchnudeln 84
Knoblauchsoße 152
Knoblauchsuppe mit Rahm 53
Kochsalat mit Erbsen 63
Kohleintopf 63
Kohllaibchen 63
Kohlrabigemüse 64
Kohlrabisalat 32
Kohlrouladen 64
Krautauflauf Linzer Art 65
Krautfleckerln 85
Krautrouladen 65
Krautsalat (gekocht) 32
Krautsalat (roh) 32
Krautstrudel 165
Krauttaschen 165
Kräuterbrot 162
Kräuterfisch 118
Kukuruztommerl, pikant 108
Kukuruztommerl, süß 108
Kümmel- oder Einbrennsuppe 53
Kümmelstangerln 193
Kürbis, gratiniert 66
Kürbisgemüse 66

Lammgeschnetzeltes 136
Lammgulasch 136
Lammkoteletts 137
Lammragout 137

Lammschlögel 138
Lebkuchen 193
Lebkuchen, gefüllt 194
Letscho 66
Linzer Mandelbusserln 194
Liptauer 158

Maisauflauf, pikant 109
Maisauflauf, süß 109
Maisgebäck 109
Maisschnitten 110
Majoranfleisch 139
Majorankartoffeln 80
Makkaroniauflauf 85
Mandel-Marillen-Schnitten 187
Marillenknödel, gebacken 172
Marillenknödel, gekocht 173
Matrosenfleisch 139
Mayonnaise (Grundrezept) 150
Mayonnaisesalat 32
Melanzani 67
Melanzani, gefüllt 67
Mohnnudeln 86
Mohnschnecken 183
Mohnstrudel 183
Mohnstrudel aus Mürbteig 188
Mürbe Semmerln 162

Nudeln mit Mohn und Powidl 86
Nudelpudding 86
Nudelsalat 33
Nudelsalat für Naschkatzen 87
Nudelsalat mit Gemüse 87
Nudelsalat, pikant 88
Nuß-Honig-Scheibchen 195
Nußauflauf 173
Nußbeugeln 184
Nußbusserln 195
Nußnudeln 88
Nußtorte aus Rührteig 188

Oberösterreichischer Mostbraten 140
Ochsenschlepp 140

Palatschinken 174
Panadelsuppe 53
Paprika, gedünstet 68
Paprika, gefüllt, ohne Fleisch 68
Paprika-Paradeis-Salat 33
Paprikahuhn 130
Paprikasalat 33
Paradeiser mit Kerbelfüllung 69
Paradeiser, gebraten 68
Paradeissalat 34
Paradeissoße 155
Paradeissuppe (gekocht) 54
Paradeissuppe (roh) 54
Paradeissuppe (roh) mit Joghurt 54
Pichelsteiner Eintopf 141
Pikanter Aufstrich 158
Pikanter Nudelauflauf mit Topfen 88
Pikanter Salat nach Bauernart 34
Pizza 166
Polenta 110
Polenta mit Schafkäse 110
Porree, mit Käse überbacken 69
Porreegemüse 69
Porreesalat 34
Porreesuppe 55
Pußta-Paprikafisch 118
Pußta-Rostbraten 141

Radicchiosalat 35
Radieschen-Kohlrabi-Salat 35
Radieschensalat 35
Rahmdressing 153
Rahmsuppe 55
Reinanke „Annemarie" 119
Reinanken auf Frühlingszwiebeln 119
Reis (Grundrezept) 90
Reisauflauf 91
Reisauflauf mit Topfen 92
Reisdessert 199
Reislaibchen 92
Reissalat 93
Reisschleimsuppe 55
Reissuppe nach Bauernart 56

Reistopf, serbisch 93
Rettichsalat 36
Rindsgulasch 142
Rindsrouladen 142
Rohr-Kartoffellaibchen 81
Rote-Rüben-Salat 36
Rotkrautsalat 36

Salat „Ascona" 37
Salat „Ostermontag" 37
Salatsoße 153
Sauerampfersalat 37
Sauerkraut 70
Sauerkraut, überbacken 70
Sauerkrautsalat 38
Scheiterhaufen 174
Seefisch „Nordsee" 120
Seefisch mit Gemüse 119
Selleriepüree 70
Selleriesalat 38
Sellerieschnitzel 71
Semmelknödel 166
Soja-Curry-Speise 145
Soja-Gemüseeintopf 145
Soja-Naturschnitzerln 147
Soja-Rahmschnitzerln 147
Soja-Rostbraten 148
Sojagranulat, gedünstet 146
Sojagulasch 146
Sojalaibchen 147
Sommersalat 38
Spargelcremesuppe 56
Spinat 71
Spinat mit Brennesseln 71
Spritzkartoffeln 81
Stangensellerie 72
Staudenselleriesalat 39
Süßer Nudelauflauf 89
Szegediner Gulasch 148

Teigwaren (Grundrezept) 83
Teufelssoße 156
Tofu, gebraten 149
Tofu, gegrillt 149
Tofu-Geschnetzeltes 149
Topfen-Vanillecreme 201
Topfenbuchteln 184
Topfenbuttertascherln 196
Topfencreme mit Bananen 200
Topfencreme mit Heidelbeeren 200
Topfendessert mit Trockenobst 200
Topfenknödel 175
Topfennockerln 167
Topfennudeln 89
Topfenstrudel aus Mürbteig 189
Topfentascherln 197
Topfentorte 189

Ungarische Soße 156
Ungarisches (Fisch-)Filet 120

Vanilleeis 201
Vanillekipferln 197
Vogerlsalat 39
Vollkornbrot (Grundrezept) 159
Vollkornsalzstangerln 163
Vollmehlweckerln 163
Vorarlberger Käseerdäpfel 82

Waldviertler Kartoffellaibchen 82
Waldviertler Mohnknödel, gebacken 190
Waldviertler Mohnnudeln (Schupf-
nudeln) 175
Weizenmüsli 25
Winter-Vitamineintopf 72

Zigeunerrostbraten 143
Zucchini in Béchamel 73
Zucchini, mit Faschiertem gefüllt 73
Zucchini- oder Kürbissuppe 56
Zucchinisalat 39
Zwetschkenknödel 176
Zwiebelbrot 163
Zwiebelkuchen 167
Zwiebelrostbraten 143
Zwiebelsoße 156